FONDSGEDANKEN

Investmentfonds: Der Weg zum Vermögen

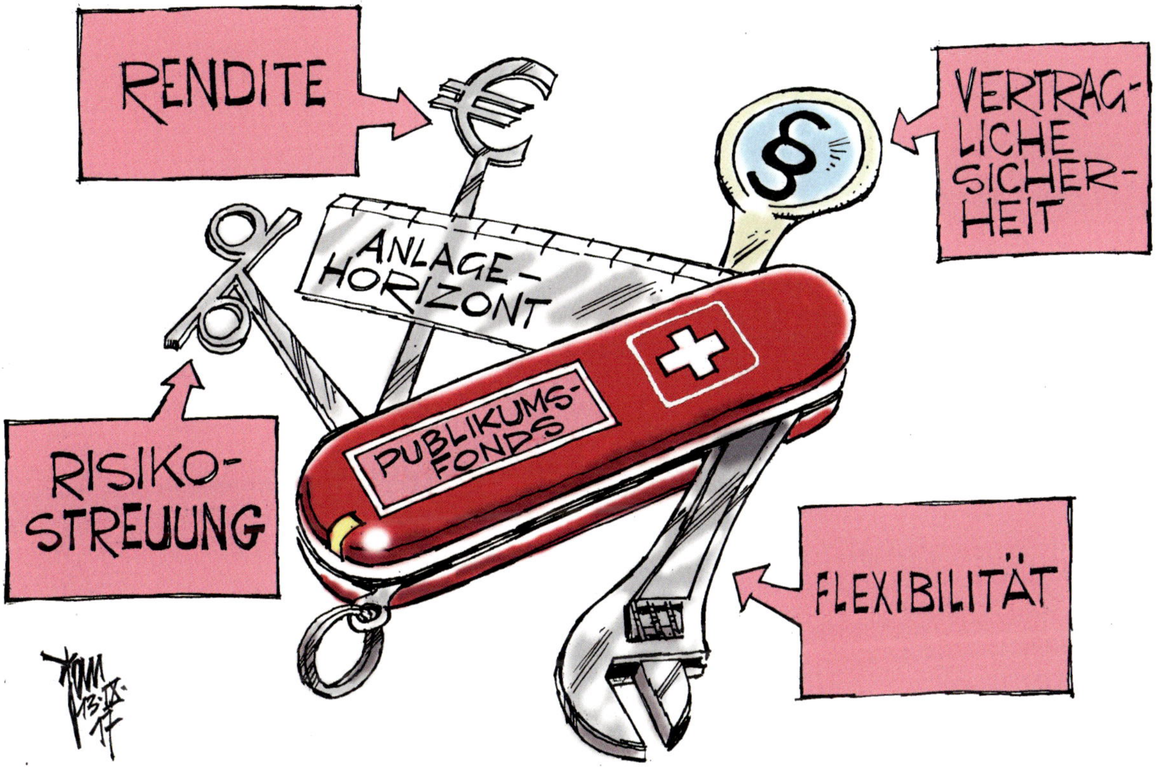

RENDITE

VERTRAG-
LICHE
SICHER-
HEIT

ANLAGE-
HORIZONT

PUBLIKUMS-
FONDS

RISIKO-
STREUUNG

FLEXIBILITÄT

FBV

Björn Drescher

INHALT

PLANSECUR

WEIL WIR WERTSCHÄTZEN

mit diesem Buch ermöglicht der Autor Björn Drescher auf angenehme Art und Weise den Zugang zu einem ernsthaften und komplexen Thema – der Geldanlage. Ein gelungenes Buch, in dem erklärt wird, worauf es bei jeder auch noch so kleinen Finanzplanung ankommt. Wer sein Geld verantwortlich anlegen will, muss selbst verstehen, was er tut und wie die einzelnen Instrumente zur Mehrung des Vermögens funktionieren. Deshalb ist dieses Buch eine Leseempfehlung für alle, die unterhaltsam und trotzdem fundiert das Thema Geldanlage, insbesondere Investmentfonds, betrachten wollen. Dabei wird auch klar, wie wichtig es ist, bei Finanzthemen den richtigen Berater zu haben.

Seit über 30 Jahren ist Finanzberatung unsere Leidenschaft. Wir beraten, wenn es darum geht, sich und die Familie optimal abzusichern, für das Alter vorzusorgen, den Ruhestand zu planen, Immobilien zu finanzieren und Vermögen anzulegen. Wir geben durch individuelle, persönliche Beratung Antworten auf Finanzfragen – Privatpersonen und Unternehmen gleichermaßen. Und das in gegenseitiger Wertschätzung auf der Basis unseres Wertefundaments: partnerschaftlich, richtungsweisend, dynamisch, zuverlässig und transparent. Seit 1986.

Wir wünschen Ihnen eine inspirierende Lektüre. Darüber und über alles Weitere zu Ihren Finanzen können Sie gern mit uns sprechen.

EINLEITUNG

Fast jeder zweite Deutsche kann nicht erklären, was ein Investmentfonds ist. Diese und andere Informationen verdanken wir regelmäßigen Umfragen verschiedener Finanzverbände und -institute. Als wäre diese Tatsache nicht schon bedauerlich genug, fördern entsprechende Studien leider auch noch zwei weitere Umstände zutage: Der ohnehin vergleichsweise niedrige Bildungsgrad vieler Deutscher in Sachen Kapitalanlagen hat sich in den vergangenen Jahren sogar noch weiter verschlechtert. Zudem weisen oftmals gerade die jüngeren Menschen unter 30 Jahren eine besonders geringe Finanzkompetenz auf.

Sollten Sie als Leser sprichwörtlich nur den Statistiken glauben wollen, die Sie selbst gefälscht haben, sei Ihnen versichert: Zwar variieren die Zahlen der verschiedenen Studien, doch die Botschaften, die von ihnen ausgehen, zeichnen ähnliche bis deckungsgleiche Bilder. Sie zeugen von einem gestörten Verhältnis der Deutschen zu Wertpapieren aller Art, vor allem aber zur Aktienanlage – ganz gleich, ob sie nun direkt erfolgt oder aber über den Weg eines Fondsinvestments.

Vielleicht lässt sich damit auch schon an dieser Stelle eine unausgesprochene Frage beantworten, die Sie sich vielleicht gestellt haben, als sie zum ersten Mal von diesem Buch gehört oder es in Händen gehalten haben: »Bedarf es angesichts des überbordenden Informationsangebots zum Themenkreis Investmentfonds in den Fachbuch-Abteilungen und im Internet wirklich noch eines zusätzlichen Werks?«

Frei nach dem Motto des unverbesserlichen Dichters und Entertainers Heinz Erhardt, »Noch'n Gedicht«, sage ich aus Überzeugung: »Ja.« Und ich ergänze direkt: »Vorausgesetzt, es beschreitet didaktisch andere Wege als die bestehende Fachliteratur und beschert der Fondsanlage neue Freunde.« Denn ich bedaure jeden Anleger, dem die effizienteste Form standardisierter Geldanlage zur Vermögensbildung und Vermögensverwaltung unbekannt bleibt, und ich möchte nichts unversucht lassen, zur Verbreitung der Fondsidee beizutragen.

Zu diesem Zweck habe ich 1997 mit meinen Partnern eine Gesellschaft für Wirtschafts- und Finanzinformationen gegründet. Ihr zentraler Unternehmensgegenstand ist die Berichterstattung und Kommentierung der Kapitalmärkte und vor allem derjenigen Entwicklungen, welche die Fonds betreffen. Im Zuge des laufenden Knowhow-Transfers in Form von Webinaren und Vorträgen lernten wir im Laufe der Jahre die Verbildlichung von Botschaften in Form von gut gemachten Karikaturen schätzen. Karikaturen überzeichnen bestimmte Sachverhalte, doch steckt in jeder bekanntlich auch eine gute Portion Wahrheit. Wie heißt es doch so schön: »Ein Bild sagt mehr als tausend Worte!«

Vor diesem Hintergrund habe ich die Zusammenarbeit mit einem bekannten Zeichner gesucht und mit ihm für eine ganze Reihe öffentlicher Auftritte mehr oder weniger passgenaue Karikaturen entwickelt.

Um den drei unterschiedlichen Vortrags-Staffeln »Plädoyer für Fonds«, »Trends im Asset-Management« sowie »Anleger & Berater« einen roten Faden geben zu können, kreierten wir insgesamt drei Figuren: den »Anleger« in Form des personifizierten »deutschen Michels«, erkennbar an seiner Schlafmütze. Ferner den »Berater«: Die Damen mögen es mir bitte nachsehen, dass sich der Zeichner bereits in seinen ersten Entwürfen auf einen Mann festgelegt hatte und ich ihn nicht umstimmte, daraus eine Frau zu machen. Und schließlich gibt es noch

»Mr. Asset-Management«: Er dient als Synonym und Platzhalter für die gesamte Finanzindustrie im Allgemeinen und für die Anbieter von Publikumsfonds im Besonderen. Seine Tendenz zum Übergewicht und sein modischer Hang zu Nadelstreifenanzügen sind künstlerische Stilelemente der Überzeichnung und Übertreibung, die ich nicht persönlich zu nehmen bitte.

Im Laufe der Zeit entstand auf diese Weise ein reichhaltiger Fundus an Bildern, der für dieses Buch nun katalogisiert, überarbeitet und um Textpassagen ergänzt wurde. Gleichwohl handelt es sich bei der vorliegenden Publikation um ein ernsthaftes Fachbuch und keinen Comic. Sie dient nicht der Verballhornung der Investmentbranche. Investmentfonds sind eine geniale Erfindung und stellen ein ernsthaftes Thema dar, doch darf die Informationsaufnahme darüber durchaus auch Spaß machen.

Dabei erhebt die entstandene Sammlung und ihr Argumentarium keineswegs den Anspruch auf Vollständigkeit, Systematik im engeren Sinne oder gar darauf, die wahre Lehre zu sein. Vielmehr will dieses Buch den Titel treffend widerspiegeln und in kurzweiliger loser Abfolge verschiedene Gedanken aufgreifen, die einem Anleger oder Interessenten im Zuge der Fondsanlage kommen können oder sollten.

So sind Gedanken eben: Wir haben viele davon im Kopf. Manchmal entwickeln wir sie in Phasen höchster Konzentration, ein anderes Mal entstehen sie spontan. Nicht selten sind sie der Reflex auf einen Reiz, dem wir ausgesetzt sind: eine akustische oder visuelle Wahrnehmung, eine Meldung oder auch ein Ereignis.

Während viele Gedanken ins Leere laufen, münden andere in Ansichten und Ideen, die auch für die Umwelt und für unsere Mitmenschen von Interesse und Wert sein können. An jedem einzelnen Tag entscheiden wir so einige hundert Mal, welche Gedanken wir verwerfen und welche wir dagegen für erinnerungswürdig erachten, aber für uns behalten, und an welchen wir andere teilhaben lassen wollen.

Von Freunden und Geschäftspartnern in meiner Absicht bestärkt, habe ich mich dazu entschieden, Sie an den folgenden Gedanken teilhaben zu lassen. Ich freue mich, wenn ich dadurch Nutzen stiften kann. Dabei ist es egal, ob Sie sich einfach nur für die Fondsanlage interessieren oder ob Sie eine solche schon getätigt haben und sich hier Halt in Form von Argumenten und Hintergründen versprechen. Es ist auch gleich, ob Sie das vorliegende Buch am Stück lesen oder sich von Zeit zu Zeit einzelne Bilder und Passagen in Erinnerung rufen. Die Informationen sind auch unabhängig von Ihrer Perspektive: Seien Sie nun privater Investor oder Lehrer, Berater, Vermögensverwalter oder Banker auf der Suche nach Anschauungsmaterial für die gesellschaftliche Bildung und den Vertrieb.

Viel Spaß bei der Lektüre!

»Zu größerer Klarheit über seine Gedanken gelangt man, indem man sie anderen klar zu machen sucht.«

Josef Unger, österreichischer Schriftsteller und Politiker

TEIL 1

PLÄDOYER FÜR FONDS

»Negative Zinsen«,
das klingt ungewöhnlich.

»Sichern Sie sich langfristig attraktive Zinsen«, mit diesem Slogan warb vor einiger Zeit eine bekannte deutsche Direktanlage-Bank. Wenngleich derartige Marketing-Sprüche zum Tagesgeschäft einer Bank gehören mögen, muss dieser mit Blick auf die damaligen Konditionen wie blanker Hohn geklungen haben: Zehn Jahre Laufzeit, 0,75 % p. a. Wohlgemerkt, wir sprechen von einem zehnjährigen Festgeld-Vertrag, nicht etwa von einer Hypothekenfinanzierung.

Attraktiver erschien da vor einiger Zeit schon das sogenannte »Mäusekonto« eines Instituts anlässlich eines Weltspartags, das die Kleinen zwischen sieben und zwölf Jahren immerhin mit 5 % für ein Jahr lockte. Der Haken an der Sache: Ab einem Betrag von 501 Euro wurde der Rest auch bei Kindern nur noch mit 1 % p. a. verzinst.

Und auch die Rendite von deutschen Staatsanleihen mit einer Laufzeit von zehn Jahren, dem sprichwörtlichen Witwen- und Waisen-Papier, fiel zwischenzeitlich auf unter 1 % pro Jahr. Der ehemalige Bundesfinanzminister Wolfgang Schäuble konnte im Jahr 2016 gar eine fünfjährige Bundesanleihe in der Größenordnung von knapp 4 Milliarden Euro ohne Zinsversprechen, also mit einem Null-Kupon platzieren. Sie wurde ihm von institutionellen Anlegern förmlich aus der Hand gerissen.

Wie sollte es auch anders sein? Die Schwindsucht der Marktzinsen hat in den vergangenen Jahren zeitweise ein nie zuvor gesehenes Ausmaß angenommen. Der Leitzins der europäischen Notenbank stürzte seit 2008 von 4 % regelrecht ab und nahm in Form des Referenzzinssatzes, zu dem Banken ihr Geld bei der EZB einlagern können, sogar negative Werte an. Folgerichtig rutschten auch die kurzfristigen Zinsen am Geldmarkt unter die Nulllinie. Mit anderen Worten: Wer in einer solchen Situation große Summen parkt, erhält für die Überantwortung seiner Gelder keine Zinsen, sondern er zahlt dafür.

»Negative Zinsen« das klingt ungewöhnlich. Was sagte ein von mir danach befragter bekannter Professor für Wirtschaftswissenschaften einmal: »In der Theorie war mir immer klar, dass es negative Marktzinsen geben kann. In der Praxis habe ich mir das aber nicht vorstellen können und lerne jetzt dazu. Dessen ungeachtet halte ich die Entwicklung für äußerst ungesund.«

Außerordentliche Situationen und Herausforderungen bedürfen bekanntlich außergewöhnlicher Maßnahmen, um sie zu meistern. Ob die Medizin richtig ist, die die Notenbanken den Märkten verordnet haben, oder nicht, das ließe sich mithin vortrefflich diskutieren. Ebenso die Frage, wie lange dieser Ausnahmezustand noch anhalten könnte. Mancher spricht schon vom »Normalnull«.

Weniger strittig ist die Motivation der Notenbanker. Sind diese doch erkennbar bemüht, den Staaten auf diesem Wege Zeit für dringend notwendige Strukturreformen zu erkaufen, von denen bisher leider wenig bis nichts zu sehen ist.

Überhaupt keinen Zweifel an den Folgen der Niedrigzinspolitik kann es hingegen aus Sicht der Anleger geben. Ihnen droht angesichts der Geldentwertung, die ihre Zinseinnahmen übersteigt, eine schrittweise Enteignung. Das gilt zumindest dann, wenn sie an klassischen Zinsanlagen festhalten und darauf verzichten, sich an den steigenden Vermögenspreisen in Form von Aktien und Immobilien zu beteiligen. Die Rechnung ist einfach: Bei einer angenommenen konstanten Inflationsrate von 1,5 % p. a. verliert das Geld bei Annahme des oben genannten Angebots der Direktanlagebank jedes Jahr 0,75 % an Wert.

Vor diesem Hintergrund erscheint es zweckmäßig, sich noch einmal mit der Abgrenzung der Begriffe »Zins-Sparen« und »Investieren« unter Zuhilfenahme der Worte »Horten« und »Spekulieren« zu beschäftigen. Erst dann wird wirklich deutlich, warum Investitionen in Sachwerte und Produktivkapital in Form von Aktien so empfehlenswert sind.

Unter »Horten« verstehe ich, etwas allein auf Grund seiner Knappheit zu sammeln. In diesem Falle geht es also um Geld, das nicht angelegt und auch nicht für den Konsum ausgegeben wird. Denkbare Sammelvorrichtungen könnten beispielsweise die sprichwörtlichen Matratzen, Töpfe und Sparstrümpfe sein. Es gibt keine Aussicht auf einen Ertrag, allenfalls auf eine Wertsteigerung als Folge der Knappheit. Zudem verbindet sich mit der Hortung von Geld automatisch das Risiko eines Kaufkraftverlustes durch Inflation.

»Zins-Sparen« heißt in meinen Augen, Geld zur Anlage zu bringen. Dieses Geld wird, so würde ich es einmal formulieren, Instituten und Schuldnern guter Bonität, beispielsweise Banken und solventen Staaten, vertraglich zu einem fest definierten Zins auf Zeit überlassen. Man spricht in diesem Zusammenhang häufig auch von »Geldwerten«. Denkbare Ausprägungen sind unter anderem Sparbücher, Bonussparen und Bausparverträge, die der Inflation jedoch ebenfalls ausgesetzt sind.

Unter »Investieren« verstehe ich die langfristige Anlage des eigenen Kapitals in produktiven Sachwerten. Dabei werden kalkulierbare Risiken eingegangen, um bei ausreichendem Anlagehorizont vergleichsweise hohe Renditen zu erzielen. Das Kapital arbeitet für sich, kann Wertsteigerungen und darüber hinaus auch laufende Zusatzerträge in Form von Dividenden und Mieten erzielen, wenngleich der Anleger dafür Schwankungen in Kauf nehmen muss. Wir sprechen von Aktien, Investmentfonds, Beteiligungen und Immobilien.

»Spekulieren« schließlich bedeutet, über ein künftiges Ereignis zu mutmaßen, in der Hoffnung, dadurch etwas zu erreichen. Das Ziel besteht darin, hohe Gewinne in kurzer Zeit zu erzielen. Der Preis, den ein Spekulant für diese Chance zahlt, ist ein Verlustrisiko bis zur Höhe der Einlage oder auch bisweilen darüber hinaus. Denken wir beispielhaft für Spekulationen einfach einmal an Edelsteine, Kunst oder produktive Sachwerte ohne ausreichend langen Anlagehorizont.

An dieser Stelle zeigt sich: Sparen, ohne Zinsen dafür zu erhalten, unterscheidet sich vom Horten eigentlich nur durch die Lagerstelle: Das Geld lagert beim jeweiligen Finanzinstitut statt innerhalb der eigenen vier Wände oder in einem sonstigen Geldversteck.

Sparen ohne Zinsen ist Horten. Investieren ist besser!

Erstrebenswert sind zumindest für einen Teil des eigenen Vermögens langfristig ausgerichtete Investitionen, die den Anleger am Wachstum der Weltwirtschaft partizipieren lassen. Motor dieses Wachstums sind unter anderem globale Megatrends wie die Digitalisierung, die demographischen Veränderungen, die Mobilität, die Biotechnologie und die neuen Energien. Wie viel Optimismus man als Investor dabei mitbringt, welchen Teil seines Geldes man in welchen Trend investiert, muss jeder für sich selbst entscheiden.

Die Beantwortung der Frage »Horten, Zins-Sparen oder Investieren?« hat immer etwas mit der individuellen Ausgangssituation und den Umwelt- beziehungsweise Rahmenbedingungen zu tun; man denke nur an Kapitän Silver in der Karikatur. Gleichwohl spreche ich mich stets für perspektivisch langfristige Investments in Aktien- und Mischfonds aus.

Und wie sollte man es mit dem Spekulieren halten? Dazu bietet sich vielleicht das folgende, dem verstorbenen Altmeister der Börse André Kostolany zugeschriebene Zitat an: »Wer viel Geld hat, kann spekulieren; wer wenig Geld hat, darf nicht spekulieren; wer kein Geld hat, muss spekulieren.« Damit ist eigentlich alles gesagt.

1.2 DUMMES DEUTSCHES GELD

Die Art und Weise, wie die Deutschen ihr Geld mehrheitlich anlegen, ist im Ausland fast schon sprichwörtlich. Vom »Dumb German Money«, manchmal auch »Stupid German Money« ist häufiger abschätzig die Rede. Der Ursprung dieser von Vertrottelung zeugenden Formulierung geht dem Vernehmen nach auf die amerikanische Filmindustrie in den ersten Jahren unseres Jahrtausends zurück. Gemeint waren mit dem »dummen deutschen Geld« damals vor allem jene Investitionen, die geschlossenen deutschen Beteiligungsfonds entstammten. Sie lockten ihre Anleger zu dieser Zeit vornehmlich mit Abschreibungsmöglichkeiten, also Steuerspar- und Verschiebemodellen, und finanzierten zumeist relativ erfolglose, aus Sicht der Produzenten aber gut bezahlte Streifen.

Später ordnete man dem »Stupid German Money« auch andere unvorteilhafte Anlageerfahrungen zu, etwa aus den Bereichen der amerikanischen Hypotheken-Wertpapiere, der griechischen Staatsanleihen und der wertlosen Auslandsimmobilien und Minenaktien. Dabei bezog sich die Formulierung keineswegs nur auf deutsche Privatanleger, sondern auch auf Institutionen. Alle zusammen einte in den Augen der Spötter die Bereitschaft, leichtfertig in Dinge zu investieren, von denen die jeweiligen Anleger nichts oder zu wenig verstanden.

Mit Blick auf die Verteilung des gesamten deutschen Geldvermögens in Höhe von 5,9 Billionen Euro (Quelle: Deutsche Bundesbank, Stand Ende 2017) ließe sich das Bild vom »dummen deutschen Geld« aber noch weiter entwickeln. Schließlich haben wir im ersten Kapitel darüber gesprochen, wie attraktiv langfristige Investitionen in Produktivkapital in Form von Aktien und Aktienfonds sind. 2017 hatten die Deutschen aber gerade einmal etwa 6 % ihrer Gelder in Aktien investiert und knapp 10 % in alle Formen von Fonds zusammen, also nicht nur in Aktien-, sondern auch in Misch-, Renten-, Geldmarkt- und Immobilienfonds. Zum Vergleich: Kapitalbildende Versicherungen standen zu diesem Zeitpunkt anteilig für einen Wert von rund 30 %, Bargeld und Einlagen (Fest- und Termingelder) für 37 %. Der Rest des Kuchens verteilte sich auf Anleihen, Zertifikate und sonstige Anlagen.

Mit anderen Worten, die Geldanlage der Deutschen hat mehr mit »Zins-Sparen« als mit »Investieren« zu tun. Von einer Investmentkultur, wie sie beispielsweise in den USA zu beobachten ist, kann zumindest bisher keine Rede sein. Und so verwundert es auch nicht, dass das Vermögen, das jeder US-Amerikaner in Investmentfonds investiert, doppelt so hoch ist wie das eines jeden Deutschen. Wer in Anlehnung an den Medaillenspiegel der Olympischen Spiele daraus nun schließt, Platz zwei wäre doch im internationalen Vergleich auch noch ganz gut, sei darüber informiert, dass zwischen uns und den Amerikanern noch viele andere Nationen stehen, wie zum Beispiel die Australier, die Schweizer und die Schweden.

Blickt man auf die Sparquote der Deutschen, die seit Jahren relativ stabil bei etwa 10 % des verfügbaren Einkommens liegt, wird deutlich, dass wir im europäischen Vergleich ordentlich Geld auf die hohe Kante legen, dass aber unser Pro-Kopf-Vermögen gerade einmal knapp über dem europäischen Durchschnittswert liegt. Das Problem liegt mithin nicht in der Höhe der Sparleistung, sondern in der Art und Weise, wie das Geld angelegt wird.

Womöglich ist vor Ihrem inneren Auge beim Lesen der letzten Absätze ein bipolares Bild deutschen Anlegerverhaltens zwischen »sehr sicher« und »riskant« entstanden. Aus meiner Sicht ist dies in der Praxis auch durchaus zutreffend. Deutsche Anleger scheinen abseits ihres Hangs zur eigengenutzten Immobilie oftmals im Spannungsfeld zwischen Risikoaversion und

Deutsche Anleger scheinen in einem Spannungsfeld zwischen Risikoaversion und Gier gefangen zu sein und überdies von einem gewaltigen Steuerspartrieb beherrscht zu werden. Wir sollten den Ausdruck »Dumb German Money« als Ansporn nehmen, an unserem Anlageverhalten zu arbeiten und es zu verbessern.

Gier gefangen zu sein. Überdies werden sie offensichtlich von einem gewaltigen Steuerspartrieb beherrscht. Im Ergebnis kann es auf der einen Seite oftmals nicht sicher genug zugehen, während andererseits fast schon gezockt wird. Dabei wird der einfachere Weg, die langfristige Investition in Aktien und Immobilien, leichtfertig vernachlässigt.

Ursächlich für diese Umstände sind zunächst ein unzureichendes allgemeines Finanzwissen, eine gewisse oberflächliche Zahlengläubigkeit sowie der provisionsgesteuerte Finanzvertrieb und unzureichende staatliche Anreize. Vor allem aber spielen bei diesem Anlageverhalten auch die historischen Erfahrungen der Deutschen eine große Rolle. Sie erzählen unter anderem im Zuge der Weltkriege von Entbehrungen, mehreren prägenden Hyperinflationen und diversen Währungsreformen.

»Dumb German Money« diese Formulierung sollten wir vor diesem Hintergrund nicht als Ausdruck von Häme verstehen, wenngleich sie ursprünglich so gemeint gewesen sein dürfte. Besser nehmen wir sie als Ansporn, an unserem Anlageverhalten zu arbeiten und es zu verbessern. Erste positive Entwicklungen lassen sich, nicht zuletzt angesichts des zwischenzeitlichen Niedrigzinsumfeldes, bereits erkennen.

Die wirkliche Ironie des Schicksals besteht wahrscheinlich darin, dass der dumme Umgang mit Geld gerade den Bewohnern eines Landes nachgesagt wird, das weltweit als eine der größten Industrie- und Exportnationen angesehen wird. Die Beteiligung an inländischen Unternehmen wie zum Beispiel Automobilherstellern, Maschinenbauern und Chemiekonzernen läge so nahe und ist vielen Deutschen anscheinend doch so fern. So sind es denn eben die ausländischen Investoren, die mehrheitlich in den letzten Jahren an den Wertsteigerungen von Siemens, SAP, BASF und Co. verdient haben. Die Dividendenerträge in Höhe von mehreren Dutzend Milliarden Euro pro Jahr kommen noch hinzu.

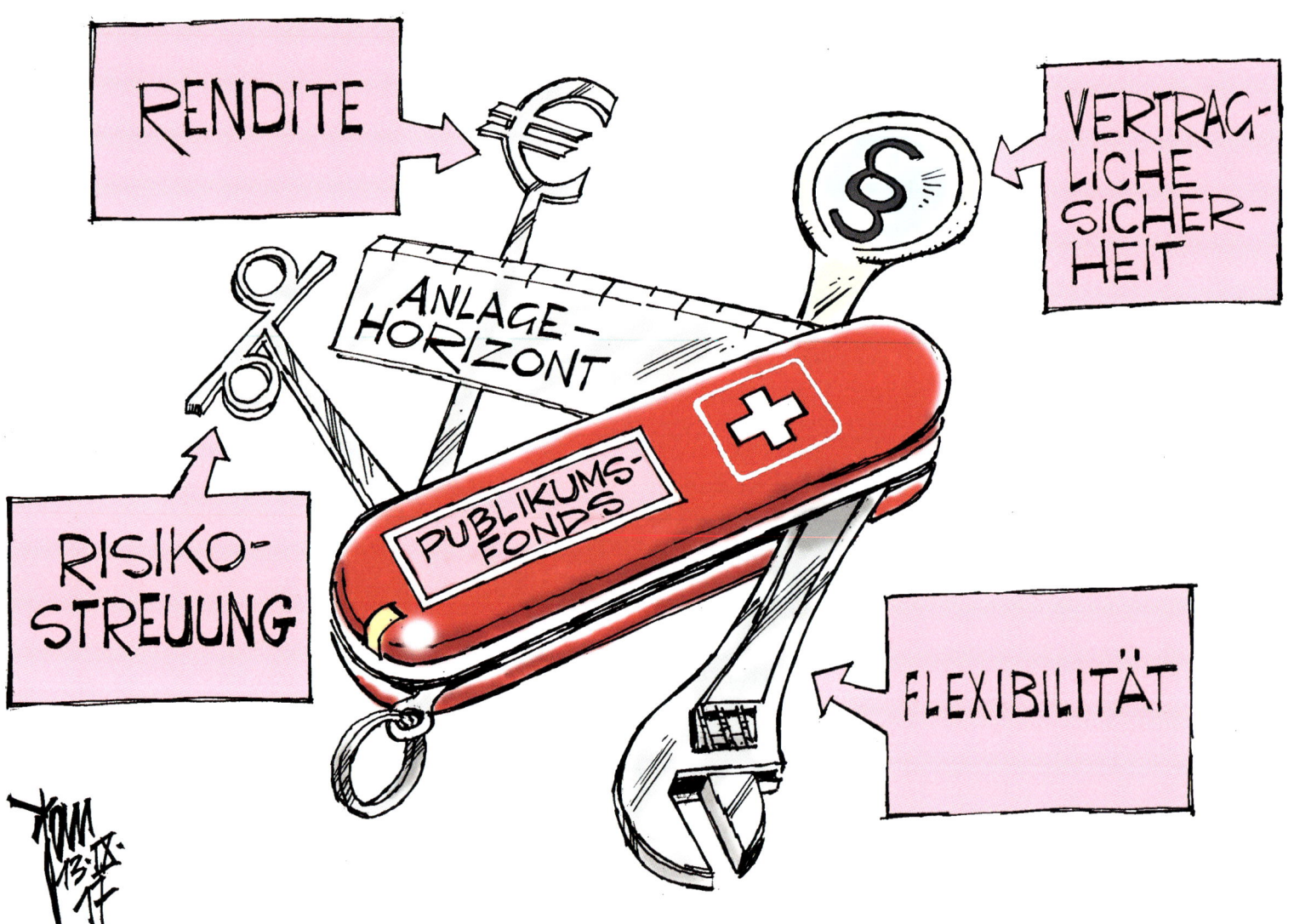

Investmentfonds sind vielseitig. Man kann sie kaufen, halten, verkaufen, be- und entsparen.

Wer kennt sie nicht? Die Schweizer Taschenmesser und Multifunktionstools, mit denen man jederzeit und allerorten die unterschiedlichsten Aufgaben bewältigen kann: schneiden, schrauben, sägen, bohren, messen, lochen, klammern, kneifen, vergrößern, schreiben und bisweilen sogar leuchten. Ähnlich vielseitig sind Investmentfonds im Sinne von klassischen Wertpapierfonds, die man kaufen, halten, verkaufen, be- und entsparen kann, je nachdem, was die individuellen Anlagebedürfnisse erfordern. Bisweilen spricht man synonym auch von »Publikumsfonds«.

Warum ich das so betone? Weil wir bei den folgenden Schwärmereien für diese Anlageform immer über das Gleiche sprechen sollten. Zu groß ist die Gefahr von Verwechslungen, denn der Begriff »Investmentfonds« ist im Alltag bisweilen auf wenig differenzierte Weise gebräuchlich. Oftmals werden Publikumsfonds, Spezialfonds, die institutionellen Anlegern vorbehalten sind, und alternative Investmentfonds in einen Topf geworfen, obwohl sie sich in ihren Ausprägungen doch deutlich unterscheiden. Leider verdanken die Publikumsfonds historisch gerade der Sippenhaft mit den Beteiligungen an Schiffen, Flugzeugen oder auch dem außerbörslichen Wertpapierhandel gewisse Vorurteile, die nicht zutreffend sind.

Wenn hier im Folgenden die Rede von Investmentfonds ist, spreche ich immer von den EU-weit einheitlich definierten »Organismen für die gemeinschaftliche Anlage in Wertpapieren«, auf Amtsdeutsch »OGAW«, im englischsprachigen Raum »UCITS« genannt (Undertakings for Collective Investment of Transferable Securities). Eine 1985 erlassene und laufend weiterentwickelte EU-Richtlinie regelt alles, was diese Publikumsfonds betrifft. Sie ist von den einzelnen Mitgliedsstaaten in ihre nationalen Gesetze implementiert worden. In Deutschland erfolgte die Umsetzung früher im Investmentgesetz und seit 2013 im damals neu begründeten Kapitalanlagegesetzbuch (KAGB).

Damit sind wir schon beim Thema. Denn einer der wesentlichen Vorteile der Anlage in Investmentfonds ist ihr in Form der UCITS europaweit standardisierter rechtlicher Rahmen. Seine Einhaltung regelt das Gesetz, überwacht von Aufsichtsbehörden, in Deutschland durch die Bundesanstalt für Finanzdienstleistungsaufsicht (BaFin). Verstöße werden geahndet. Versteht der Anleger die Grundzüge dieser juristischen Konstruktion einmal, kann er sich in der Folge darauf verlassen und sich ausschließlich auf die Prüfung der Wirtschaftlichkeit der in den einzelnen Fonds verfolgten Strategien konzentrieren. Dagegen sind Anleger gut beraten, die Satzungen alternativer, nicht via UCITS-Standards regulierter Investmentfonds in jedem Fall individuell zu kontrollieren, um unangenehme Überraschungen, beispielsweise in Form von Sperrfristen und Nachschusspflichten, zu vermeiden.

Wann immer von den Vorteilen der Anlage in Investmentfonds die Rede ist, kann deren rechtliche Konstruktion nicht genug gewürdigt werden. Leiten sich doch vordergründigere Aspekte wie die Ausprägung treuhänderischer Sondervermögen, die Mindeststreuung, die Berichtspflichten und vieles mehr aus ihr ab. Um es noch deutlicher zu sagen: Die von der EU entwickelten Standards sind so gut, dass nach der lokalen Anmeldung in einem beliebigen EU-Land der Vertrieb grenzüberschreitend innerhalb Europas möglich ist, dies drückt das Stichwort »Europa-Pass« aus. Auch große Teile des weltweiten Investmentgeschäfts globaler Kapitalverwaltungsgesellschaften werden über Drehkreuze wie Luxemburg und Irland abgewickelt. UCITS werden auch auf entfernten Kontinenten wie Südamerika und Asien geschätzt und gekauft.

Die rechtliche Konstruktion kann nicht genug gewürdigt werden.

Aber kommen wir nun zu einigen der wichtigsten Vorteile, die mit der Anlage in Publikumsfonds verbunden sind: den Berichtspflichten. Im Rahmen dieser Berichtspflichten sind die Kapitalverwaltungsgesellschaften gezwungen, umfassende Verkaufsprospekte zu ihren Produkten herauszugeben. Zudem müssen sie zweimal jährlich in Jahres- und Halbjahresberichten Rechenschaft über deren Entwicklungen ablegen. In diesem Zusammenhang können wir von maximaler Transparenz sprechen. Wer tief genug recherchiert, kann jede einzelne historische Transaktion nachverfolgen und analysieren.

Zum Schutz der Anleger werden deren Gelder in treuhänderischen Sondervermögen getrennt von den Vermögen der Kapitalverwaltungsgesellschaften (KVGs) und ihrer jeweiligen Depotbank verwahrt, die die Fondsgelder nach dem Vier-Augen-Prinzip zusammen verwalten. Die KVG schlägt Transaktionen entsprechend der Strategie vor, die Depotbank führt sie aus und überwacht dabei die Einhaltung der gesetzlichen Auflagen. Dieser Status des Sondervermögens schützt die Anteilinhaber im Fall der Insolvenz einzelner Institute vor einem haftenden Durchgriff der Gläubiger. Wie wichtig dieser Schutz ist, hat sich in der Vergangenheit schon ein paar Mal gezeigt. Beispielsweise war das der Fall, als die britische Barings Bank infolge von Fehlspekulationen zusammenbrach und das Vermögen der Anleger ihrer Investmentfonds davon gleichwohl unberührt blieb. Barings Asset-Management existierte weiter.

Der Status des Sondervermögens schützt die Anteilinhaber im Fall der Insolvenz einzelner Fondsanbieter.

Ferner definiert der gesetzliche Rahmen auch die Einhaltung einer Mindeststreuung: Sie sieht eine Verteilung des Fondsvermögens auf mindestens 16 Titel vor. Maximal ist eine Gewichtung von 10 % für höchstens vier Titel zulässig, die restlichen Positionen dürfen jeweils ein Gewicht von 5 % nicht überschreiten. Es versteht sich von selbst, dass die meisten Gesellschaften in ihrem eigenen Interesse bemüht sind, mögliche Risiken einzelner Investments über dieses Mindestmaß hinaus deutlich weiter zu streuen. Die sprichwörtlichen Eier liegen auf diese Weise niemals in einem Korb.

Aus der Sicht der Anteilsinhaber besonders erfreulich: Sie sind im Gegensatz zu vielen anderen Anlageformen extrem flexibel. So sind sie beispielsweise an keine Anlagefristen gebunden und können laufend, zum regelmäßig ermittelten Nettoinventarwert (NAV) neue Anteile erwerben oder alte zurückgeben. Der Nettoinventarwert ist die Summe aller Vermögenswerte im Fonds. Mit anderen Worten: Die Anteile sind jederzeit verfügbar, indes unterschiedlich wertvoll, was eine vorausschauende Planung mit langem Anlagehorizont nahelegt. Mindestanlagesummen sind im Regelfall auf ein Minimum reduziert, was Folgeinvestitionen in allen Ausprägungen bis hin zu 25-Euro-Sparplänen erlaubt.

Schließlich und endlich bescheren gut gemanagte Wertpapierfonds ihren Anteilsinhabern historisch betrachtet stattliche Renditen und ihren Verwaltern über die Gebührenstrukturen eine angemessene Entlohnung und planbare Einkommen. Das macht sie für beide Seiten attraktiv. Die Reichhaltigkeit des Angebots sorgt in diesem Zusammenhang für einen gesunden Wettbewerb. Inzwischen sind über 8.000 Publikumsfonds allein in Deutschland zum Vertrieb zugelassen.

1.4 HINDERNISBAHN

Kein Zweifel: Langfristige Investitionen in aktienlastige Fonds sind attraktiv und stehen jedem offen. Trotzdem erfreuen sich andere Anlageformen wie Sparbücher, Lebens- und Rentenversicherungen, Bausparverträge, Festgelder und Immobilien bei den Deutschen immer noch größerer Beliebtheit. Umfragen, Absatzstatistiken und die tatsächliche Verteilung der Vermögen belegen diese These immer wieder. Was hält den sprichwörtlichen »deutschen Michel«, quasi die Personifizierung der Deutschen, mehrheitlich von der Aktienfondsanlage ab? Was steht zwischen ihm und ihr, sodass er anscheinend den Wald vor lauter Bäumen nicht sieht?

Wahrscheinlich sind es so viele Aspekte, dass man nicht von einzelnen Hürden, sondern gleich über eine ganze Hindernisbahn sprechen sollte. Manche Hemmungen sind bewusst, klar umrissen und haben Namen. Andere sind eher unbewusst, resultieren aus der Erziehung und aus Umweltfaktoren, die auf den Verbraucher einwirken. Sie alle eint, dass sie ihm das Gefühl von Sorgen und Ängsten geben. Durch sie gelähmt, wählt er leider allzu oft vermeintlich einfachere Wege, sprich Handlungsalternativen. Oft verzichtet er auch ganz auf die Geldanlage frei nach dem Motto: Besser nichts tun als das Falsche.

Problemfall Erziehung: »Über Geld spricht man nicht!« Warum eigentlich nicht?

Da wäre beispielsweise in vielen Fällen die Erziehung zu nennen. Sie wissen schon: »Über Geld spricht man nicht!« Warum eigentlich nicht? Dadurch könnte man doch viel mehr Erfahrungen untereinander austauschen; man könnte erfolgreiche Anleger fragen, wie sie es machen, und von ihnen lernen.

Die mangelnde Finanzbildung vieler Deutscher hat aber auch andere Gründe. Schließlich könnte der Informationshunger, so er denn vorhanden wäre, dank des Mediums Internet in jeder erdenklichen Form gestillt werden. Dem Vernehmen nach verbringt der durchschnittliche Bundesbürger schließlich zwischen vier und sechs Stunden pro Tag mit seinem Smartphone und Tablet. Hier steht oftmals aber die vermeintliche Komplexität und Trockenheit der Materie im Wege. Und so fiebern viele Deutsche ihrer nächsten Anlageentscheidung genauso entgegen wie dem kommenden Zahnarzttermin und der nächsten Anfertigung ihrer Steuererklärung. Sprich: überhaupt nicht!

Einen weiteren wichtigen Faktor kann man in jenem Bild ausmachen, das weite Teile der Gesellschaft potenziellen Anlegern vom Unternehmertum liefern. Spürbar vermittelt es mehr Kapitalismuskritik, als von der gewaltigen Maschinerie zur Wohlstandgenerierung zu erzählen, die damit verbunden ist. Gewinn wird häufiger als der Profit von Gierhälsen dargestellt, der nicht geteilt wird. Zu wenig wird er leider als Ansporn und Möglichkeit gesehen, selbst über Beteiligungen legal daran zu partizipieren. Es wird mehr kritisiert, wie die Vermögensverteilung zwischen Arm und Reich sich spreizt, als darüber aufgeklärt, worauf diese Entwicklung unter anderem zurückzuführen ist: auf den Verzicht auf produktive Sachwerte statt ihres Besitzes.

Wenn wir von der Gesellschaft sprechen, sollten auch die Medien eine Würdigung erfahren. Einerseits bieten sie im Rahmen ihrer Bandbreite interessante Fachartikel, Erfahrungsberichte und Dokumentationen zum Themenkreis Fonds und Aktien an, die sich für die Weiterbildung vortrefflich eignen. Andererseits tragen sie aber, was in der Natur der Dinge liegt, in der Summe oftmals eher zur Verwirrung als zur Aufklärung bei. Zu viele Informationen, häufig widersprüchlich, bisweilen sensationsheischend und prozyklisch. Je mehr sich die Medienlandschaft verändert und »User« im Zuge sozialer Netzwerke in Form eigener Beiträge zu ihrem journalistischem Bestandteil avancieren, umso größer ist die Kakophonie. Sie erschwert es, Relevantes von Unwichtigem zu unterscheiden. Selektive Information lautet das Gebot der Stunde.

Übrigens gilt das auch beim Konsum von Unterhaltungsmedien. Ist Ihnen schon einmal aufgefallen, wie stark die weltweite Filmindustrie mit Streifen wie etwa »Wall Street«, »Das Geld anderer Leute«, »Die Glücksritter« oder auch der Serie »Billions« die Börsen verunglimpft, sie zum Tanz um das goldene Kalb stilisiert und das spekulative Image von Aktienanlagen stärkt? Wo sind die Filme, die uns vorleben, wie einfache Menschen über Fondsanlagen zu vergleichsweise beachtlichem Vermögen kamen und anderen Leuten dabei halfen, sie auf diesem Wege zu begleiten? Ja, ich weiß schon, solch ein Plot ist zu langweilig, das wird kein Kassenschlager in den Kinos und birgt zu wenig Klickzahlen für Internet-Serien. Vielleicht sollte man einmal einen Preis für ein gutes Drehbuch dieser Art ausloben.

Wo fordert der Staat wirklich einmal aus Überzeugung zur Anlage in Aktien und Fonds auf?

Beim Thema Gesellschaft ist auch der Staat nicht weit. Wo fordert er wirklich einmal aus Überzeugung zur Anlage in Aktien und Fonds auf? Wo unterstützt er die Finanzbildung in den Schulen und in den Medien? Viel eher liefert er Störfeuer. Man erinnere sich nur der sprechenden Schildkröte »Günther Schild«, die er öffentlich für Anleihen des Bundes im Fernsehen werben ließ. Auch die einseitigen steuerlichen Anreize, die jahrzehntelang Versicherungen zur Altersvorsorge gegenüber Fonds bevorzugten, gehören in diese Kategorie. Und wenngleich die Offerte »vermögenswirksamer Leistungen« mitsamt der »Arbeitnehmersparzulage« auch Fondssparpläne fördert, ließen sich, wie Beispiele in den USA und in anderen Ländern belegen, im Rahmen der privaten Altersvorsorge noch ganz andere Anreize zur Aktienanlage gestalten.

Fragt man Anleger, warum sie nicht in (Aktien-)Fonds investieren, hört man aber auch noch andere Sätze: »Zu wenig Geld!« »Das ist nur was für Reiche«! Oder auch: »Einen so langen Anlagehorizont habe ich nicht!«

Hier will ich auf derlei Bedenken nur wenige denkbare Antworten anführen, bevor wir uns im nächsten Kapitel noch näher mit dem Thema beschäftigen: »Ab 500 Euro einmalig und 25 Euro Sparleistung im Monat sind Sie dabei!« »Vermögenswirksame Leistungen und die Arbeitnehmersparzulage sind gerade für Geringverdiener höchst attraktiv!« Und: »Mancher, der dachte, dass er sein Erspartes binnen der nächsten 24 Monate für den Erwerb einer Immobilie bräuchte, benötigte am Ende fünf Jahre oder auch länger bis er die passende Liegenschaft erwarb!« Und wenn das noch nicht genügen sollte: «Wie lange dauert es bei Ihnen noch bis zum Eintritt in das Rentenalter?«

Es gibt allerdings ein Hindernis, das der Anlage in Fonds lange Zeit entgegenwirkte und fairerweise nicht unerwähnt bleiben sollte. Dieses Hindernis hat die Finanzindustrie selbst errichtet und lange Zeit nicht beseitigt. Ich spreche von einer gewissen Form der Vertriebssteuerung zugunsten von kapitalbildenden Versicherungsverträgen in Form von vorfinanzierten Vertriebsprovisionen. Sagen wir es laienhaft formuliert so: Der Vermittler eines Fondssparplans wurde über die Laufzeit hinweg schrittweise entlohnt, der Vermittler einer Lebens- oder Rentenversicherung hingegen sofort. Finanzvermittler standen also beispielhaft vor der Wahl 20 Jahre lang jeden Monat 4 Euro nach Zahlung der Rate zu erhalten oder 1.000 Euro unmittelbar bei Vertragsbeginn. Da fragte sich mancher: Warum auf die Provision warten, wenn ich sie doch gleich bekommen kann? Regulierungen, Kosten-Transparenz und Aufklärung beginnen an dieser Stelle allerdings schon seit einiger Zeit zu wirken.

1.5 KLEINE HELFERLEIN

Erfreulicherweise gibt es auf der mentalen Hindernisbahn, die sich zwischen vielen Anlegern und der Fondsanlage auftürmt, im übertragenen Sinne ein paar kleine Helferlein, die es Ihnen leichter machen, Ihre Ängste, Ihre Trägheit und damit den sprichwörtlichen inneren Schweinehund zu überwinden. Sie geben eine Hilfestellung und arbeiten heimlich im Hintergrund wie die sagenhaften Kölner Heinzelmännchen, vorausgesetzt, man gibt ihnen auch die Gelegenheit dazu und lässt sie ungestört arbeiten.

Nein, wir sprechen nicht von kleinwüchsigen, schlauen und zauberkundigen Fabelwesen, die in Höhlen leben, und auch nicht von Walt Disneys laufender Glühbirne, die dem Erfinder Daniel Düsentrieb ideenreich zur Hand geht. Wir reden von anderen Helfern, wie beispielsweise dem mächtigen Faktor »Zeit«, von besonderen Ausgestaltungen der Fonds und von speziellen Handelsmechanismen. Sie verfeinern den Gedanken der standardisierten Vermögensverwaltung, der Investmentfonds ohnehin grundsätzlich innewohnt, und ermöglichen noch zusätzliche Optionen, Automatismen und ein paar psychologische Tricks der Selbstdisziplinierung. So führt der Weg noch systematischer zum Ziel. Wie heißt es doch so schön: »Der Aha-Effekt zündet am besten mit einem schnellen Erfolg!«

Nehmen wir zwei der Helfer einmal etwas näher unter die Lupe und beginnen wir mit dem sogenannten Sparplan. Der Wortbestandteil »Spar« ist nicht im Sinne von »Zins-Sparen« zu verstehen, wie im ersten Kapitel dargelegt, sondern er bezeichnet den regelmäßigen Ankauf von Fondsanteilen für einen stets gleichlautenden Betrag. Die Wahl des Intervalls, ob nun monatlich, quartalsweise oder gar jährlich, bleibt dem Anleger überlassen. Der gewünschte Effekt kommt sogar bei unregelmäßigen Nachkäufen von Fonds zum Tragen. Der Sparplan nimmt dem Anleger gleich mehrere wichtige Aufgaben ab. So gewährleistet er beispielsweise, dass überhaupt regelmäßig gespart wird, was sonst gerne einmal zwischenzeitlich vergessen oder aufgeschoben wird. Durch Abschluss eines Vertrages beauftragt der Anleger ein Institut, regelmäßig in seinem Namen Anteile eines oder mehrerer bestimmter Fonds zu erwerben und das Geld dafür von seinem Konto abzubuchen.

Mindestens ebenso wichtig aber ist der Umstand, dass der Sparplan den Anleger auch von der Frage befreit, zu welchem Zeitpunkt er angesichts schwankender Börsenkurse am besten investieren sollte. Sollte der Kauf von Fondsanteilen besser heute, morgen, in einer Woche oder einem Jahr stattfinden? Entsprechend der Sparplan-Vereinbarung wird stattdessen regelmäßig, beispielsweise am 1. oder 15. eines Monats, gekauft. Der Automatismus entscheidet. Er verteilt auf diesem Wege das Risiko einer unter Umständen unvorteilhaften einmaligen Anlageentscheidung, die zwangsläufig an einem bestimmten Tag und zu einem konkreten Wertpapierkurs stattfinden würde, auf verschiedene Käufe innerhalb eines Anschaffungszeitraums zu unterschiedlichen Preisen. Man spricht in diesem Zusammenhang auch gerne von einem »Durchschnittskosten-Effekt« (cost average effect). Er birgt damit infolge der stets gleich hohen Anlagebeträge eine für das Investieren wichtige antizyklische Komponente in sich. Denn der Anleger erwirbt bei niedrigen Kursen automatisch im Verhältnis mehr Anteile als bei hohen.

Vor diesem Hintergrund empfiehlt sich der Sparplan eigentlich jedem Anleger, vor allem aber denen, die noch kein Vermögen besitzen und erst noch eines bilden wollen. Das Schöne dabei: Man sieht mit immer größerer Freude den eigenen Kapitalstock durch Beiträge, Wertsteigerungen, Zinsen und Dividenden im Laufe der Zeit wachsen und bleibt flexibel. Schließlich können nicht nur die laufenden Kaufaufträge jederzeit den eigenen Bedürfnissen angepasst werden, sondern die erworbenen Bestände können zudem nach Belieben in andere Fonds umgeschichtet werden.

Der Sparplan nimmt dem Anleger gleich mehrere wichtige Aufgaben ab.

Das Schöne dabei: Man sieht mit immer größerer Freude den eigenen Kapitalstock durch Beiträge, Wertsteigerungen, Zinsen und Dividenden im Laufe der Zeit wachsen und bleibt flexibel.

Da ich oben vom Faktor »Zeit« gesprochen habe, sei hier noch ergänzt: Mit Sparplänen kann eigentlich auch nicht früh genug begonnen werden. Idealerweise startet ein Anleger damit bereits nach der Ausbildung. Großeltern oder Paten können sogar schon direkt nach der Geburt eines Kindes einen solchen Sparplan anlegen (mit Einverständnis der Eltern). Und vergessen Sie im Rahmen der Motivation dabei bitte nicht, Kindern zu gegebener Zeit zu zeigen, wie ihr Vermögen wächst, an welchen Unternehmen sie beteiligt sind und wo ihnen im Alltag die Dienstleistungen und Produkte der entsprechenden Firmen begegnen. Die Identifikation mit den jeweiligen Investments hilft, sie zu verstehen und besitzen zu wollen.

Mischfonds bieten die Chance, zumindest anteilig laufend in Aktien zu investieren und sich von Kursschwankungen nicht einschüchtern zu lassen.

Ein anderer Helfer ist in meinen Augen in der Fondskategorie der »Mischfonds« zu sehen. Schließlich steht der Anleger oftmals vor dem ausschweifenden Anlageuniversum von Geldmarkt-, Renten-, Aktien-, Rohstoff- und Immobilienfonds wie das verweigernde Pferd vor einem hohen Hindernis. Welche Anlageklasse, welche Region, welche Branche ist die vielversprechendste? Mischfonds bieten in diesem Zusammenhang die Chance, zumindest anteilig laufend in Aktien zu investieren und sich dennoch nicht von den Kursschwankungen einschüchtern zu lassen. Im Falle aktiv gemanagter Fonds bietet sich dabei obendrein die Möglichkeit, erfahrenen Fondsmanagern neben der Einzeltitelauswahl auch die Steuerung der Aktienquote als solcher und ihre Ausrichtung zu übertragen. So wird ihnen in gewissen Bandbreiten ein Timing erlaubt.

Wenn wir an anderer Stelle über die Professionalisierung der Investmentfonds-Industrie in den vergangenen Jahrzehnten sprechen, wird sich überdies zeigen: Den privaten Anlegern stehen heute auch noch andere Investitions- und Administrationshilfen zur Verfügung, von denen sie früher nur hätten träumen können. Man denke einfach nur einmal an die Verwahrung verschiedener Investmentfonds in einem zentralen Wertpapierdepot. Damit verbinden sich noch weitere Möglichkeiten wie beispielsweise die Einrichtung von Überwachungs- und Alarmfunktionen, die fondsübergreifenden Depotanalysen, der Handel mit automatisierter Verlustbegrenzung, die Verpfändung von Anteilen oder auch die Erteilung von Vollmachten.

1.6 FONDS IM TREND

Investmentfonds haben in Deutschland abseits der Anlagen institutioneller großer Kapitalsammelstellen und professioneller Anleger wie Stiftungen, Family Offices und Vermögensverwaltungen jahrzehntelang förmlich ein Schattendasein gefristet. Die Deutschen besaßen vor einiger Zeit zusammen etwa 30 Millionen Bausparverträge, über 65 Millionen kapitalbildende Lebens- und Rentenversicherungen und etwa 40 Millionen Sparbücher: Fonds hingegen waren noch kein wirkliches Breiteninvestment.

Es tut sich was in Sachen Fonds in Deutschland. Frei nach dem Ausspruch in William Shakespeares Hamlet, »Es tut sich was im Staate Dänemark«, könnte man mittlerweile aber titeln: »Es tut sich was in Sachen Fonds in Deutschland.« Schließlich spürt man an allen Ecken und Enden die Fondsanlage betreffend eine gewisse Aufbruchs-, um nicht zu sagen Aufklärungsstimmung.

Nehmen wir nur einmal das Beispiel einer Investmentgesellschaft, die das Wetter nach großen Nachrichtensendungen der öffentlich-rechtlichen Fernsehsender sponsert. Früher hätte die Konzernmutter damit wahrscheinlich eher ihre Versicherungstochter beauftragt. Oder erinnern wir uns an eine langlaufende Finanzkolumne in Deutschlands bekanntester Boulevard-Zeitung, die unter Nennung konkreter Wertpapierkennnummern zum Kauf von Indexfonds aufrief. Andere Beispiele: Berichterstattungen und Sonderbeilagen zu Investmentfonds in Magazinen, Freizeit- und Fernsehzeitungen sowie das Sponsoring von Fußballvereinen der Profiliga durch Kapitalverwaltungsgesellschaften und die Werbung an Plakatwänden, Bushaltestellen, Bahnhöfen und Flughäfen. Weitere Indikatoren sind die reihenweise auftretenden

Aktionsprogramme zu Fonds in Banken und Sparkassen und eine viel größere Bedeutung von Fonds in ihrem Tagesgeschäft. Dem Vernehmen nach bringen allein die Sparkassen und Volksbanken mittlerweile mehrere zehntausend neue Sparpläne pro Monat hervor.

Im Ergebnis legen die Absatzzahlen von Fondssparplänen und die verwalteten Volumina deutlich zu. Wie stark der Pegel steigt, belegen beispielsweise die Zahlen des Deutschen Fondsverbandes. Seine Mitglieder verwalten inzwischen allein in den Publikumsfonds zusammen mehr als eine Billion Euro. Zur Jahrtausendwende waren es gerade einmal 440 Milliarden Euro.

Woher kommt der Stimmungswechsel? Wer hat die Fondsanlage wachgeküsst? Was ist heute anders als früher? Sucht man nach Antworten, kommt man schnell auf einen Lösungsansatz und findet ihn im zwischenzeitlichen Niedrigzinsumfeld und in der langen Phase steigender Aktienkurse nach der Finanzkrise.

Um es klar zu sagen: Investmentfonds machen nichts anders oder gar besser als vor einigen Jahren. Aber ihre traditionellen Stärken, wie ihre Ertragskraft und Flexibilität, fallen gegenüber anderen alternativen Anlageformen insofern optisch stärker ins Gewicht, als diese anderen Anlageformen zumindest vorübergehend das Privileg attraktiver und zugleich risikoärmerer Grundverzinsungen verloren haben. Damit schmilzt ihre Aura einer sicheren und bequemen Geldanlage ab, und das zwingt die Verbraucher regelrecht zum Nachdenken.

Und nicht nur sie. Auch die Finanzindustrie beginnt, im Hinblick auf die Vertriebswege umzudenken und sich zu bewegen. Sie kann weder die Marktlage noch die Stimmung unter ihren Anlegern negieren. In der Folge haben viele Institute in den vergangenen Jahren ihre ursprünglichen »Ladenhüter« in Form von standardisierten Vermögensverwaltungen auf Basis von Fonds zu attraktiven Geschäftsfeldern ausgebaut.

Investmentfonds machen heute nichts anders oder besser als vor einigen Jahren. Aber ihre traditionellen Stärken wie Ertragskraft und Flexibilität fallen aktuell angesichts eines Mangels an Alternativen stärker ins Gewicht.

Die guten Renditen der Aktienmärkte in den vergangenen Jahren und die an Schwindsucht leidenden Marktzinsen sind zwei gute Gründe für die steigenden Absatzzahlen der Fonds. Aber auch die zunehmende Aufklärung trägt dazu bei. Gedankt sei an dieser Stelle vor allem dem Internet, das in den vergangenen Jahren wesentlich zur Multiplikation der Botschaft, »Fonds sind eine gute Anlageform«, beigetragen hat. Es bietet den interessierten Laien die Möglichkeit, sich in jeder erdenklichen Tiefe in die Materie einzuarbeiten und Erfahrungen untereinander auszutauschen. Die Bandbreite reicht von didaktisch gut gemachten Erklär-Videos auf YouTube über die vielseitige Analyse von Fonds in Datenbanken bis hin zur Möglichkeit, zeitnah Berichte und Kommentare verschiedener Vermögensverwalter zu erhalten oder diese im Rahmen von Webinaren und Telefonkonferenzen sogar selbst befragen zu können.

Sagen wir es so: Ende der 1990er-Jahre gab es im Zuge der Spekulation um Technologie-aktien schon einmal eine Aufbruchsstimmung rund um Aktien und die Fondsanlage, die jäh endete. Getrieben war sie vor allem von der Gier der Anleger. Die neue Entwicklung hat eher etwas mit der Not, mit der Suche nach Anlagealternativen und mit Aufklärung zu tun.

Hoffen wir, dass die steigende Nachfrage nach Investmentfonds dieses Mal nachhaltiger sein wird als damals. Vieles spricht dafür. Wirklich wissen werden wir es allerdings erst, wenn wir das nächste Mal größere Crashs, Marktverwerfungen und Dürrephasen an den Kapitalmärkten durchlaufen. Dann zeigt sich, wer die Botschaft wirklich verstanden hat.

1.7 FÜR JEDEN GESCHMACK

Ein Investmentfonds stellt lediglich eine von Millionen unterschiedlichen Kombinationsmöglichkeiten verschiedener Wertpapiere dar.

Süß, sauer, bitter, salzig, was darf es sein? Das Anlageuniversum der in Deutschland zum Vertrieb zugelassenen Publikumsfonds ist mit mehreren tausend Produkten schlicht und einfach riesig – das weltweite noch um ein Vielfaches größer. Kein Wunder: Stellt ein Investmentfonds doch lediglich eine von Millionen unterschiedlichen Kombinationsmöglichkeiten verschiedener Wertpapiere dar. In diesem Zusammenhang spricht man von Investmentfonds auch gerne als einer Verpackungsform. Es versteht sich von selbst, dass trotz aller Eigenschaften, die mit der Anlageform »Investmentfonds« verbunden und von mir gerühmt worden sind, nicht alle Fonds gut und für Anleger ausnahmslos empfehlenswert sind.

Wie viele Investmentfonds in Deutschland zu einem bestimmten Zeitpunkt genau zugelassen sind, ist allein schon deshalb schwer zu bestimmen, weil sich ihre Anzahl infolge von Neuauflagen, Verschmelzungen und Schließungen laufend verändert. Die Suche nach Innovationen und die Notwendigkeit der Effizienz-Optimierung verbinden sich zu einem ewigen Kreislauf. Zudem sind viele Fonds in unterschiedlichen Ausprägungen der Anteilsklassen konzipiert, um die man das Angebot bei einer Betrachtung im engeren Sinne bereinigen müsste. Sie erlauben es beispielsweise, Fonds mit und ohne Währungsabsicherung anzubieten und besonders großen Anlegern einen Rabatt auf die Verwaltungsgebühren einzuräumen.

Die Anleger profitieren vom Wettbewerb der Kapitalverwaltungsgesellschaften um Innovationen, Renditen und Preise.

Wer braucht so viele Fonds? Diese häufig gestellte Frage lässt sich vorder- wie auch tiefgründig beantworten. Zunächst einmal muss man sagen: die Anbieter. Sie wollen über ihre Produktangebote mit denkbar vielen Kunden ins Geschäft kommen und dienen sich mit unterschiedlich spezialisierten Lösungen an. Bei großen Häusern kann im Laufe ihrer Historie so schon einmal eine mehrere hundert Fonds umfassende Produktpalette zusammenkommen. Andererseits profitieren auch die Anleger von einem Wettbewerb der Kapitalverwaltungsgesellschaften um Innovationen, Renditen und Preise. Konkurrenz belebt bekanntlich das Geschäft.

Angesichts der Produktfülle fällt es indes unbestritten schwer, sich als Anleger einen Überblick über das Angebot zu verschaffen, geschweige denn gar, es laufend zu überwachen. Dieser Herausforderung kann man sich eigentlich nur noch über entsprechende Datenbanken auf digitalem Weg stellen. Andernfalls bleibt nur die Möglichkeit, auf die Empfehlungen Dritter zu setzten, dazu gehören beispielsweise professionelle Vermittler oder Berater, sofern die Auswahl nicht dem Zufall überlassen werden soll.

Wie transparent das Fondsuniversum im Zuge digitaler Analysemethoden dessen ungeachtet geworden ist, zeigen die Absatzstatistiken seit Jahren immer deutlicher. Schließlich lässt sich trotz der Reichhaltigkeit des Angebotes eine immer stärkere Konzentration großer Teile der Mittelzuflüsse auf einige wenige hundert, bei genauerer Betrachtung sogar wenige Dutzend Fonds erkennen. Frisches Geld im nennenswerten Sinne bekommen vor allem jene Kapitalverwaltungsgesellschaften, die über historisch gesehen leistungsstärke Produkte verfügen und die sich auf angestammte Absatzwege in Form der Filialnetze ihrer Muttergesellschaften oder andere Vertriebskooperationen stützen können. Besonders glücklich schätzt sich, wer Leistungs- und Vertriebskraft auf sich vereinen kann.

Die ebenfalls häufig gehörte Frage nach dem besten Fonds verbietet sich alleine schon deshalb, weil sie sich eigentlich immer nur im Rückspiegel beantworten lässt. Zudem dürfte sie nie ohne zusätzliche Parameter gestellt werden: Zu welcher Kategorie gehört der jeweilige

Statt nach dem besten Fonds sollte man nach dem für bestimmte Aufgabenstellungen am besten geeigneten Fonds suchen.

Fonds (Aktien,- Renten, Geldmarkt-, Rohstoff-, Mischfonds)? Mit welcher regionalen oder branchenbezogenen Beschränkung operiert er? Über welchen Zeitraum wird investiert: ein, drei oder fünf Jahre? Die Liste der Kriterien ließe sich fortschreiben und zeigt, dass man die Leistungen von Fonds nur dann beurteilen kann, wenn man ihr Zustandekommen ausführlich hinterfragt und ihre beschränkte Aussagekraft bezüglich zukünftiger Renditeerwartungen akzeptiert. Statt nach den besten Fonds, sollte man nach den für bestimmte Aufgabenstellungen geeigneten Fonds suchen. Der Gesetzgeber hat diesen Umstand erkannt und hält die Anbieter im Rahmen seiner Regulierung dazu an, ihre Strategien und Zielmärkte hinreichend darzulegen.

Da wir uns vorherrschenden Trends und Phänomenen rund um das Produktuniversum im Folgenden noch ausführlich widmen, möchte ich die Aufmerksamkeit an dieser Stelle nur noch auf einen abschließenden Aspekt lenken: auf die Frage nach dem Innovationspotenzial eines derart umfassenden Produktangebotes. Sagen wir es so: Es gibt sicherlich noch nicht alles, was sich bewerkstelligen und gebrauchen ließe, aber schon sehr viel davon. Sie müssen aber auf keinen Fall immer gleich dabei sein, wenn ausprobiert wird, was sich noch realisieren lässt und welchen Nutzen es stiftet.

TEIL 2

TRENDS IN DER FONDSANLAGE

2.1 DEN GÜRTEL ENGER SCHNALLEN

Die historische Wertentwicklung ist kein verlässlicher Indikator für die künftige Entwicklung!

Mit Renditeerwartungen und Prognosen ist das so eine Sache. Nicht ohne Grund senden Investmentgesellschaften in ihren Schriftstücken und Präsentationen nach der Bewerbung ihrer historischen Leistungen am Ende stets ausführliche Haftungsausschlüsse als Grüße ihrer Rechtsabteilungen mit. Da heißt es dann unter anderem immer so schön: »Die historische Wertentwicklung ist kein verlässlicher Indikator für die künftige Wertentwicklung« oder auch: »Die tatsächlichen Entwicklungen und Ergebnisse können erheblich von den Erwartungen abweichen.«

Kurzum: Nichts Genaues weiß man nicht, was in der Natur der Börsen liegt. Der berühmte Mathematiker und Physiker Sir Isaac Newton soll es einmal so formuliert haben: »Ich kann zwar die Bahn der Gestirne auf Zentimeter und Sekunde berechnen, aber nicht, wohin eine verrückte Menge einen Börsenkurs treiben kann.«

Auch dem Gesetzgeber ist bewusst, wie gefährlich die Projektion historischer Fondsrenditen auf die zukünftigen Erwartungen an ein Investment wirken kann. Daher macht er detaillierte Vorschriften. Er schreibt vor, in welcher Form mit historischen Renditen geworben werden darf und um welche Hinweise sie zu ergänzen sind. So muss die Darstellung der Wertentwicklungen beispielsweise regelmäßig in direkter Relation zu einer angemessenen Vergleichsgruppe erfolgen. Kursverläufe von weniger als einem Jahr Länge dürfen in Ermangelung einer nachhaltigen Aussagekraft überhaupt nicht veröffentlicht werden. Überdies sind die Kapitalverwaltungsgesellschaften dazu verpflichtet, regelmäßig ihre Vollkosten offenzulegen und damit transparent zu machen, in welchem Verhältnis ihre Kostenstruktur die erzielten Brutto-renditen belastet hat.

Wenn die frühere Performance eines Fonds nun aber doch so wenig über seine zukünftige Wertentwicklung aussagt, warum ist sie dann dessen ungeachtet ein so zentraler Bestandteil der Fondsvermarktung?

Ganz einfach: Weil der Leistungsnachweis in der Vergangenheit neben den Funktionsmechanismen der verfolgten Strategien die einzigen konkreten Informationen sind, die sich darstellen lassen und die Möglichkeit bieten, sich von Wettbewerbern abzugrenzen. Zudem ist es für professionelle Anleger und Berater wichtig, auf die Vergangenheitsleistungen eines Produktes und damit seines Managements zugreifen zu können, um sie zu analysieren. Das Ziel dieser Untersuchungen besteht darin, sich vor Augen zu führen, vor welchem Börsenhintergrund und auf welche Weise das Ergebnis zustande kam und von welchen Stärken und Schwächen es zeugt. Im Mittelpunkt steht dabei die Frage: Wie wahrscheinlich ist eine Wiederholung herausragender Leistungen der Vergangenheit? Das geschieht sehr wohl in dem Wissen, dass es keine Garantien für die Zukunft gibt.

Ist der Appell an die Vorsicht im Umgang mit historischen Renditen von Fonds grundsätzlich schon wichtig, muss er angesichts der zwischenzeitlichen Zinsdürre und der massiven Notenbank-Interventionen sogar noch einmal besonders unterstrichen werden. Denn schließlich haben die Auswirkungen dieser Zins- und Geldpolitik die Ergebnisse an den Finanzmärkten in den letzten Jahren vor allem mit Blick auf die Entwicklung der Vermögenspreise doch teilweise erheblich verzerrt. In der Folge hat sich das auch auf die historischen Durchschnitts-renditen vieler Fonds ausgewirkt.

So ist beispielsweise davon auszugehen, dass Rentenfonds, die sich auf deutsche oder europäische Staatsanleihen spezialisiert haben, angesichts der an Schwindsucht leidenden Zinskupons längere Zeit erheblich unterhalb ihrer historischen Durchschnitte rentieren werden. Ähnliches gilt für viele Fonds, die in Unternehmensanleihen guter Bonität investieren. Ebenso darf sich mancher Mischfonds angesprochen fühlen. Einige versuchen die stabilen Renditen und niedrigen Kursschwankungen der Vergangenheit weiter zu vermarkten, die sie zu großen Teilen der Anlageklasse »Anleihen« verdanken. Und auch an den Aktienmärkten wachsen die berühmten Bäume nicht in den Himmel. Auf Zeiten außerordentlich hoher Wertsteigerungen, wie man sie immer wieder einmal beobachten kann, folgt früher oder später stets ein Dämpfer.

Sagen wir es einmal so: Ohne die massiven Eingriffe der Notenbanken, die ein zuvor nie gesehenes Ausmaß erreicht haben, hätten die Wendungen an den Kapitalmärkten seit der Finanzkrise 2008 sicherlich einen anderen Verlauf genommen. Welche Konsequenzen diese Interventionen für die zukünftigen Entwicklungen an den Börsen mit sich bringen, lässt sich allenfalls erahnen.

Anleger sind gut beraten, den Märkten hinsichtlich der zu erwartenden Renditen eine gewisse Demut entgegenzubringen.

Vor diesem Hintergrund ist man als Anleger gut beraten, den Märkten hinsichtlich der zu erwartenden Renditen eine gewisse Demut entgegenzubringen. Die Kapitalverwaltungsgesellschaften sollten den Ball bei den Verwaltungsgebühren und anderen Kostenkomponenten flach halten. Der Gedanke liegt nahe, dass die Investoren die Kosten, die ihre Renditen belasten, zukünftig stärker ins Visier nehmen werden. Anders formuliert heißt das: Beide Seiten, Produzenten wie Konsumenten, werden den Gürtel enger schnallen müssen. Die Zeiten, in denen sich jeder aus hohen Rohrenditen bedienen konnte und am Ende immer noch ein netter Ertrag übrig blieb, könnten zwischenzeitlich einmal für längere Phasen vorbei sein.

2.2 MISCHFONDS

Einer der wichtigsten, in der Fondsindustrie schon seit geraumer Zeit vorherrschenden, Trends ist der hin zu »Mischfonds«. Als Synonym ist häufig auch von »vermögensverwaltenden Fonds«, »Multi-Asset-Fonds«, »Multi-Strategie-Fonds« und »alternativen Investmentstrategien« die Rede. Sie dominieren seit Jahren praktisch mehr oder weniger jede Absatzstatistik und Top-Seller-Liste. Interessanterweise beschränkt sich die Nachfrage nach Mischfonds dabei keineswegs, wie oftmals unterstellt, allein auf private Anlegerkreise. Auch bei institutionellen Investoren erfreuen sie sich wachsender Beliebtheit.

Mischfonds kombinieren unterschiedliche Anlagen, beispielsweise Aktien und Renten oder Geldmarktpapiere.

Zunächst aber einmal: Was ist eigentlich ein Mischfonds? In einer Broschüre des deutschen Fondsverbands klingt das ungefähr so: »Mischfonds kombinieren unterschiedliche Anlagen, beispielsweise Aktien und Renten oder Geldmarktpapiere. Dadurch können sie flexibel auf unterschiedliche Marktsituationen reagieren. Je nachdem, ob der Mischfonds eher auf Sicherheit oder auf Chancen setzt, enthält er mehr Renten oder mehr Aktien.« Man könnte noch ergänzen: Viele Mischfonds versuchen auch, andere Anlageklassen wie beispielsweise Rohstoffe beizumischen, und streben zudem über den Einsatz von abgeleiteten Finanzinstrumenten (Derivate) an, auch an fallenden Kursen zu profitieren. Verluste des Basiswertes, beispielsweise einer Aktie oder eines Index, können über derartige Instrumente in Gewinne umgemünzt werden.

Die ersten Mischfonds wurden in Deutschland bereits Mitte der 1970er-Jahre angeboten. In der Regel handelte es sich dabei in den Anfängen um vergleichsweise starre Mischungsverhältnisse wie etwa 50 % Aktien, 50 % Renten. Veränderte Gewichtungen im Laufe von Gewinnen und Verlusten wurden zu festen Stichtagen, beispielsweise einmal jährlich oder vierteljährlich, dem Ursprung entsprechend den Fondsstatuten wieder angepasst. Der Fachmann spricht von »Rebalancing«.

Flexiblere Modelle kamen erst später hinzu; sie spielten indes lange Zeit eine untergeordnete Rolle. Das änderte sich erst zu Beginn dieses Jahrhunderts, als viele Bankinstitute und Vermögensverwalter 2007 und 2008 Mischfonds im Vorfeld der Einführung einer Abgeltungssteuer in Deutschland auflegten und im Nachklang der großen Finanzkrise die Mischfondsidee regelrecht kultivierten. Wie stark diese spezielle Dynamik sich entwickelte, mag man daran ablesen, dass im Jahre 2009 ein Volumen von zusammen 100 Milliarden Euro in Mischfonds verwaltet wurde, dass dieser Wert sich aber allein schon in der kurzen Zeit bis 2015 verdoppeln konnte. Im gleichen Jahr überstieg das verwaltete Vermögen der Mischfonds erstmalig bereits das der Rentenfonds.

Inzwischen haben sich die Mischfonds, gleich ob vermögensverwaltende Multi-Asset-Lösungen oder alternative Anlagestrategien, zu einem der wichtigsten Transmissionsriemen im Finanzvertrieb entwickelt. Anscheinend ist es ihnen gelungen, den ursprünglichen Geist der Fondsidee in der öffentlichen Wahrnehmung zu beseelen und Vertrauen zurückzugewinnen, das in der Finanzkrise verloren gegangen war. Im Zuge dessen erschließen sie der Fondsbranche neue Zielgruppen und Absatzmärkte.

Angesichts dieser Entwicklung fragt man sich doch, worauf sich der Erfolg der Mischfonds in der Anleger- und Beratergunst eigentlich stützt? Sagen wir es einmal so: Mischfonds bedienen den der Fondsidee ohnehin innewohnenden Full-Service-Gedanken in besonderer Weise. Sie versprechen, wie die Marketingunterlagen vieler Mischfonds belegen, »Flexibilität«, »Sicherheit«, »Stabilität«, »Komfort« und eine gewisse »All-Wetter- und Geländetauglichkeit« trotz schwankender Börsenkurse.

Anscheinend ist es gerade den Mischfonds gelungen, den ursprünglichen Geist der Fondsidee in der öffentlichen Wahrnehmung zu beseelen.

Das kommt gut an. Bei näherer Betrachtung ist das vor allem aus zwei Gründen der Fall. Einerseits trauen sich viele Investoren und Berater angesichts wilder Kapriolen an den Kapitalmärkten keine eigene Marktmeinung mehr zu. In der Folge wollen sie immer häufiger nicht nur die Einzeltitelauswahl, sondern auch die Aufteilung des Vermögens auf verschiedene Anlageklassen Fachleuten überlassen, die sie als kompetent einstufen. Andererseits begünstigt auch die zunehmende staatliche Regulierung der Finanzindustrie den Absatz von Mischfonds. Das trifft vor allem deshalb zu, weil die Prozesse und Dokumentationen, die mit der Anlagenvermittlung seit Einführung der Wertpapierdienstleistungsrichtlinie MIFID europaweit vorgeschrieben sind, für die Finanzinstitute einen erheblichen rechtlichen und technologischen Aufwand mit sich bringen. Sie legen den Vertrieben und Banken den Einsatz von pflegeleichten, breit gestreuten Investmentlösungen nahe. Portfoliobausteine im Sinne von Investmentfonds, die auf einzelne Anlageklassen, Branchen oder Themen spezialisiert sind, werden immer öfter nur noch zu dem Zweck beigemischt, den individuellen Charakter der jeweiligen Anlagelösung zu unterstreichen.

Einer Brückentechnologie gleich haben Mischfonds viele risikoaverse Sparer schrittweise an die Aktienanlage herangeführt.

Die größte Leistung der Mischfonds in den vergangenen Jahren ist in meinen Augen vor allem eine pädagogische. Einer Brückentechnologie gleich haben sie viele risikoaverse Sparer schrittweise an die Aktienanlage herangeführt und ihnen attraktive Renditen beschert, von denen sie auf Festgeldkonten nur hätten träumen können. Dafür kann man nicht dankbar genug sein.

Dessen ungeachtet sollten sich Anleger auch bei Mischfonds die Eigenverantwortlichkeit ihrer Anlageentscheidung immer bewusst machen und die Funktionsweise und Leistungen ihrer Produkte (wie bei anderen Investments auch) in regelmäßigen Abständen gedanklich hinterfragen, soweit möglich. Schließlich übertragen sie den Managern von Mischfonds sehr viele Aufgaben und Freiheiten. Damit müssen diese auch umgehen können. Bei allen Argumenten, die sich für Mischfonds anführen lassen: Auch sie sind keine »eierlegenden Wollmilchsäue« und auch sie können die Gesetzmäßigkeiten und Fliehkräfte der Börsen nicht außer Kraft setzen.

2.3 INDEXFONDS

Wenn es neben den Mischfonds noch einen weiteren, die Absatzzahlen und Medien beherrschenden Trend gibt, dann den der Indexfonds. Man spricht in Abgrenzung zu anderen Fonds auch gerne von passiven Investments.

Das Management von Indexfonds versucht gar nicht erst, bestimmte Märkte zu schlagen, sondern will sie lediglich abbilden.

Warum? Nun, das Management dieser Fonds versucht gar nicht erst, bestimmte Märkte hinsichtlich der Rendite zu schlagen, sondern will sie lediglich abbilden. Das Ziel hinter dieser gleichermaßen schlichten wie effizienten Technik ist eine identische Wertentwicklung. Zu diesem Zweck werden Indizes, also repräsentative Sammelkennzahlen für die Entwicklung bestimmter Teilmärkte, mehr oder weniger maßstabsgetreu in den Portfolios nachgebaut. Nimmt Aktie X im Index also beispielsweise ein Gewicht von 2 % ein, wird sie auch mit 2 % des Fondsvolumens dargestellt. Veränderungen des Teilmarktes werden mit zeitlicher Verzögerung im Indexfonds nachgeholt.

Indexfonds können börsengehandelt sein. In diesen Fällen spricht der Profi von einem sogenannten Exchange Traded Fund, kurz ETF. Indexfonds müssen aber nicht in jedem Fall an der Börse gelistet sein. Anders formuliert: Jeder ETF ist im weitesten Sinne ein Indexfonds, aber nicht jeder Indexfonds ist ein ETF. Der Clou der Börsennotierung ist zweifellos die Tatsache, dass entsprechende Fonds nicht nur wie andere Fonds einmal täglich, wöchentlich oder monatlich gehandelt werden können, sondern laufend – also auch innerhalb eines Tagesverlaufs. Ob das angesichts der ursprünglichen Fondsidee notwendig und sinnvoll ist, wird von Befürwortern und Kritikern lebhaft diskutiert.

Für die Anlage in Indexfonds werden vor allem zwei Gründe angeführt: Zum einen spricht dafür die Tatsache, dass die Masse der Fondsmanager statistisch betrachtet langfristig schlechtere Renditen erwirtschaftet als die ihnen zugrunde liegenden Märkte. Dann, so die Indexfonds-Freunde, kann man doch auch gleich »den Markt« kaufen. Nein, sagen viele Anhänger des aktiven Managements. Man sollte seine Aufmerksamkeit eben auf die wenigen Manager konzentrieren, die längere Zeit besser als ihr Vergleichsmaßstab abgeschnitten haben, frei nach dem Motto: Dieser Befund ist kein Grund, am Berufsstand des aktiven Fondsmanagers als solchem zu zweifeln.

Und zum anderen wird mit erheblichen Kosteneinsparungen argumentiert. Schließlich kann die Abbildung der Märkte wesentlich preiswerter bewerkstelligt werden als der Versuch, ihre Renditen mithilfe von Selektion und Timing schlagen zu wollen.

Dieser Logik folgen immer mehr Investoren, sodass die Mitglieder des deutschen Fondsverbandes inzwischen weit mehr als 100 Milliarden Euro in Indexfonds verwalten, Tendenz steigend. Dieses Phänomen ist weltweit zu beobachten und der Markt der Indexfonds ist mittlerweile Billionen Euro schwer. Die Mehrheit der Indexfonds spiegelt dabei Aktienmärkte wider, ein kleinerer, aber wachsender Teil kopiert Renten-, Geldmarkt- und Rohstoffmärkte. Und auch Mischfonds sind längst keine ausschließliche Domäne des aktiven Managements mehr, wie sogenannte »Asset-Allocation-ETFs« belegen.

Der harte Wettbewerb der Anbieter von Indexfonds untereinander hat die Preise und damit auch Margen entsprechender Produkte in den vergangenen Jahren erheblich abschmelzen lassen. Eine klassische Abbildung ausgewählter bekannter Indizes wird annähernd zum Selbstkostenpreis nach Transaktionskosten offeriert. Wir sprechen von einigen wenigen Basispunkten. Kein Wunder, dass sich die Anbieter um dieses Geschäft lange Zeit nicht gerissen

Der harte Wettbewerb von Indexfonds untereinander hat die Preise in den vergangenen Jahren erheblich nach unten gedrückt.

haben. Und so wird der Markt für Indexfonds heute im Wesentlichen gerade einmal von einer Hand voll Investmenthäusern beherrscht, die sich frühzeitig auf dieses Geschäftsfeld konzentriert haben.

Mancher Wettbewerber bereut die frühere Geschäftspolitik inzwischen und sucht auf eine etwas margenstärkere Ableitung des klassischen Indexfondsgeschäftes zu setzen: das Faktor-Investing. Hier versucht man quasi über die systematische Veredelung von Indizes im Zuge der Selektion und Neugewichtung einzelner Titel die Renditen der zugrundeliegenden Märkte zu übertreffen. Als mögliche Gewinnbringer wurden unter anderem Faktoren wie die Kapitalisierung eines Unternehmens, seine Bewertung und das Momentum, also die Dynamik seiner zuletzt zu beobachtenden Kursentwicklung, identifiziert.

In diesem Zusammenhang wird man den Eindruck nicht los, aktives und passives Management näherten sich im Zuge dieses Faktor-Investment-Ansatzes gewissermaßen an. Was ist schließlich aktives Management anderes, als unter Berücksichtigung bestimmter Faktoren Anlageuniversen zu filtern, zu selektieren und neu zu gewichten? Folgerichtig kann man bei gleicher Leistung entsprechender Produkte auch erwarten, dass sich die Preise vieler aktiv gemanagter Fonds früher oder später der Kostenstruktur von Faktor-ETFs angleichen.

Aktiv oder passiv? Das ist nicht nur am Schluss dieses Abschnitts die Frage, sondern eine, die sich viele Anleger weltweit stellen. Wie heißt es doch so schön: »Drum prüfe, wer sich bindet.« Was für ein Anlegertyp sind Sie? Schließlich ist die Anlage in Indexfonds nicht ganz so trivial, wie sie von ihren Verfechtern häufig gerne dargestellt wird. Attraktive Teilmärkte müssen identifiziert, passende Indizes ausgewählt und der günstigste Anbieter gefunden werden. Überdies ist zu entscheiden, wann ein- und ausgestiegen werden soll. Zudem muss dem Investoren bewusst sein, dass Indexfonds die Bewegungen eines Marktes in seiner ganzen

Bandbreite und Dynamik einer Berg- und Talfahrt mitmachen. Nervenschonender kann an dieser Stelle oftmals ein Investment in breiter gestreute, aktiv gemanagte Fonds sein.

Indexfonds sind eine Art, eine Ausprägung von Investmentfonds, eine besondere Technik, sie zu managen. Statt »aktiv oder passiv« sollte man es vielleicht einmal mit »aktiv und passiv« versuchen. Warum nicht als Basisinvestments einen Indexfonds auf dem Weltaktienmarkt mit einem aktiv gemanagten vermögensverwaltenden Mischfonds kombinieren? Man kann das eine tun, ohne das andere zu lassen.

Statt »aktiv oder passiv« sollte man es vielleicht einmal mit »aktiv und passiv« versuchen.

2.4 NACHHALTIGE FONDSINVESTMENTS: DIE ESG-KRITERIEN

Das Kürzel »ESG« lehnt sich an die englischen Begriffe »environmental« (ökologisch), »social« (sozial) und »corporate governance« (Unternehmensführung) an und steht stellvertretend für verschiedene Grundprinzipien nachhaltiger Investitionen. Das Wort »nachhaltig« darf dabei durchaus im vielfältigen Sinne jener Synonyme verstanden werden, in deren Zusammenhang es im allgemeinen Sprachgebrauch weitläufig verwendet wird: langfristig, ausdauernd, beharrlich, gefestigt, beständig, charakterfest, geradlinig, effektiv und ressourcenschonend.

Viele Anleger wollen etwas tun, gegen Kinderarbeit, Umweltverschmutzung, Wucher, Rassismus, sexuelle Diskriminierung, Korruption und den unnötigen Verbrauch wertvoller natürlicher Ressourcen.

Der Wille vieler Anleger, im Rahmen der Verwaltung ihrer Gelder neben ökonomischen auch ökologischen, sozialen und ethischen Gesichtspunkten Rechnung zu tragen, ist in den vergangenen Jahren spürbar größer geworden. Sie wollen etwas tun gegen Kinderarbeit, Umweltverschmutzung, Wucher, Rassismus, sexuelle Diskriminierung, Korruption und den unnötigen Verbrauch wertvoller natürlicher Ressourcen. Wenn Geld die Welt regiert, dann muss es nach ihrer Vorstellung auch möglich sein, über Investitionen Einfluss auf eine nachhaltigere und somit umweltverträglichere Wirtschaft zu nehmen.

Klingt das nach Esoterik und Gutmenschentum? Das ist es aber nicht. Prominente Beispiele belegen, wie die Börsen ein um das andere Mal Fehlverhalten im ökologischen, sozialen und rechtlichen Sinne mit Sanktionen vorauseilend abgestraft haben. Sei es ein Automobilkonzern, dessen Kurs nach Manipulationen der Abgaswerte unter die Räder geriet. Sei es ein Ölkonzern, dessen Plattform eine Naturkatastrophe und nachfolgend einen Kursrutsch auslöste, sei es der Kursrückgang beim Betreiber eines havarierten japanischen Atomkraftwerkes oder seien es auch die bekannt gewordenen systematischen Bestechungen von Auftraggebern durch einen Elektronikkonzern, die an den Börsen für fallende Kurse sorgten.

Nachhaltiges Investieren, der Fachmann spricht auch von »Sustainable Investments« oder »Impact Investments«, beginnt sich gerade auch in den Anlageprozessen institutioneller Investoren zu einem wichtigen Faktor der Risikokontrolle zu entwickeln. In der Praxis haben sich dabei mittlerweile mehrere wesentliche Denkansätze und Strategien herausgebildet, die sowohl einzeln als auch teilweise in Kombination verfolgt werden.

»**Ausschlusskriterien**«: Beispielhaft zu nennen, sind die Produktion von Waffen, Rüstungsgütern, Kernenergie, Alkohol und pornographischen Inhalten, der Einsatz von Kinderarbeit sowie die vorsätzliche oder fahrlässige Umweltverschmutzung. Im weiteren Sinne werden mittlerweile in einzelnen Fällen auch die Kohleförderung und -nutzung disqualifiziert. Führt bisweilen schon der Verdacht zur Ächtung, orientiert man sich in anderen Anlageprozessen an maximalen Richtwerten der Beiträge zu Konzernergebnissen, die nicht überschritten werden dürfen.

»**Best-in-Class-Ansatz**«: Hier werden keine Geschäftsfelder als solche geächtet, sondern es wird detailliert untersucht, wie die Unternehmen ihr Geschäft betreiben. Welchen Stellenwert genießen ökologische und soziale Gesichtspunkte? Wie bemüht sind sie, Schaden von

Natur und Menschheit abzuwenden? Im Zuge der Recherchen entstehen Datenbanken und Punktesysteme, sogenannte »Scorings«, die Aufschluss darüber geben sollen, wie nachhaltig einzelne Firmen in Relation zu anderen Wettbewerbern ihrer Branche arbeiten. Entsprechend spezialisierte Analyseunternehmen stellen Investoren ihre Untersuchungen und ermittelten Werte gegen Honorar zur Verfügung. So können Dritte sie im Rahmen ihrer Kapitalanlage berücksichtigen.

»**Thematische Förderung**«: Bestimmte Technologien der Wasser-, Abfall-, Reinigungs- und Energiewirtschaft erscheinen im Zuge einer nachhaltigeren Wirtschaft besonders wertvoll. Sie können durch gezielte Investitionen in Forschung und Ausbau gefördert werden.

»**Engagement**«: Hier wird versucht, als Investor Einfluss auf eine sprichwörtlich saubere Unternehmensführung zu nehmen. Dies geschieht nicht nur, aber auch über die Ausübung der mit den Aktienbeteiligungen verbundenen Stimmrechte. Teilweise wird einzeln operiert, in vielen Fällen konzertiert über spezialisierte Beratungsfirmen. Sie erarbeiten beispielsweise Entscheidungsgrundlagen für Hauptversammlungen, nach denen Kapitalverwaltungsgesellschaften stellvertretend für ihre Anteilinhaber abstimmen können.

Religiöse und ethische Investmentansätze grenzen an sich das Themenfeld »Nachhaltigkeit« in meinen Augen eher an, als dass sie fester Bestandteil eines solchen Ansatzes wären. Zu unterschiedlich und subjektiv sind viele Kriterien, zu wenig allgemein akzeptiert. Man denke nur an das islamische Zinsverbot.

Die Frage, wie viel Geld heute schon unter nachhaltigen Gesichtspunkten verwaltet wird, lässt sich nicht genau beziffern. Schließlich hängt eine Beurteilung vor allem davon ab, wie eng man angewandte Selektionskriterien in seiner Untersuchung fasst. Zu einer Ächtung von

Streubomben-Herstellern haben sich beispielsweise die meisten Finanzinstitute heute schon bekannt. Viele distanzieren sich aber immer noch von Best-in-Class-Ansätzen oder auch ESG-Filtern.

Der Trend zu nachhaltigen Investments ist in meinen Augen sehr zu begrüßen. Zudem freue ich mich, dass die Anbieter entsprechender Produkte aus zwei Fehlern der Vergangenheit erkennbar gelernt haben, die ihren Zielen lange Zeit im Weg standen. Es wird weniger über die »wahre Lehre« gestritten als früher und tendenziell eher akzeptiert, dass verschiedene Wege dem gleichen Ziel förderlich sein können. Und es wird spürbar weniger darüber diskutiert, inwiefern ESG-Kriterien sich renditeschädlich auswirken können oder gar müssen. Dafür sind die Performance- und Absatzerfolge einzelner Produkte des Anlageuniversums mittlerweile viel zu offensichtlich.

Die Integration nachhaltiger Selektionsfilter in Kooperation mit spezialisierten Research-Häusern in die Managementprozesse etablierter Vermögensverwalter empfinde ich als wegweisend. Frei nach dem Motto: »Man wird einfacher ein nachhaltiger als ein guter Fondsmanager.« Ich würde mir wünschen, dass ESG-Kriterien im Laufe der Zeit im wahrsten Sinne des Wortes zu einem Hygienefaktor des Anlagemanagements werden. Ähnliche Überlegungen scheint auch die Politik zu verfolgen, wie ihre letzten Initiativen zeigen, die Nachhaltigkeit in den Prozessen der Finanzindustrie fest verankern.

Es wird weniger über die »wahre Lehre« gestritten als früher.

Man wird einfacher ein nachhaltiger als ein guter Fondsmanager.

2.5 PROFESSIONALISIERUNG

Seit jeher haben Kapitalverwaltungsgesellschaften große und kleine Kunden. Nehmen wir zur Veranschaulichung der Spannweite einmal zwei extreme Beispiele: zum einen den institutionellen, milliardenschweren Investor in Form eines großen Versorgungswerks, der einen zweistelligen Millionenbetrag neu anzulegen sucht. Zum anderen den Kleinanleger, der einen Sparplan im Rahmen der vermögenswirksamen Leistungen abschließen möchte.

Gleichgerichtete Beispiele lassen sich auch für die Losgrößen von Vertriebsleistungen finden. Man denke nur einmal an die Premium-Partnerschaften zwischen großen Bankhäusern und ausgesuchten Kapitalverwaltungsgesellschaften und auf der anderen Seite an freie Einzelvermittler, die im Rahmen ihrer Allfinanzberatung gelegentlich auch schon mal Fonds vermitteln.

Hinsichtlich ihrer Fachkenntnisse und Ansprüche an Transparenz, Rechenschaftslegung, Rabattierung von Kosten und auch in Bezug auf ihre Provisionsmaximierung gab es zwischen diesen Zielgruppen früher ganz erhebliche Unterschiede. Entsprechend zuvorkommend wurden Großanleger mit Sonderstatus durch viele Investmentgesellschaften behandelt.

Das war früher so! Denn der Kenntnisstand und die Anspruchshaltung kleinerer und mittelgroßer Marktakteure verändert sich seit einigen Jahren spürbar. Private Anleger und freie Berater können heute mehr oder weniger die gleichen Anforderungen an die Leistungskraft einer Kapitalverwaltungsgesellschaft oder eines Finanzdienstleisters stellen wie professionelle und

Private Anleger können heute mehr oder weniger die gleichen Anforderungen an die Leistungskraft einer Kapitalverwaltungsgesellschaft oder eines Finanzdienstleisters stellen wie professionelle und institutionelle Investoren.

institutionelle Investoren. Diese Entwicklung ist für die Anbieter mit erheblichen wirtschaftlichen und vor allem finanziellen Implikationen verbunden.

Gehen wir zunächst einmal der Frage nach, welcher Faktor die Professionalisierung der Investoren und Berater antreibt. Das Kind hat einen Namen. Es nennt sich »Vernetzung«! Und zwar gleich in doppelter Hinsicht. Physische Vernetzung gibt es zum Beispiel in Form von Einkaufsgemeinschaften wie Pools und Plattformen. Zudem findet auf Messen und Konferenzen ein Informations- und Erfahrungsaustausch statt und werden Verbände und Vereine gegründet. Aber auch virtuelle Vernetzung ist zu beobachten, beispielswcise an einem Austausch mit Gleichgesinnten in sozialen Netzwerken, an der Nutzung von öffentlichen Fonds-Datenbanken und Analysetools und dem laufenden interaktiven Konsum medialer Berichterstattung.

So erfährt ein Anleger, der sich dafür interessiert, beispielsweise, wo er Fonds mit Rabatt kaufen kann, was Netto-Anteilsklassen sind und wie man Fonds über die Börse handeln kann. Er lernt es vielleicht auch zu schätzen, den Berichterstattungen der eigenen Verwalter im Rahmen von Webinaren und Telefonkonferenzen zu lauschen und ihnen auf den Zahn zu fühlen. Alles in allem wird der Handel, die Verwahrung und die Überwachung von Fonds in modernen Systemen effizienter und die Reaktionszeiten verkürzen sich. Wer will, kann seine Bestände als Anleger und Berater schnell verändern oder übertragen: von einem Dienstleister zum anderen, von einem Produktanbieter zum nächsten. In der Folge beginnt die Identifikation mit Marken und Produkten zu erodieren.

Man könnte es auch so sagen: Breite Anleger- und Beraterschichten können heutzutage einen Zugriff auf Informationen in einer Tiefe bekommen, an die sie früher noch nicht einmal zu denken gewagt hätten. Besonders symptomatisch sind dabei vielleicht jene Fragebögen, die Fonds, Gesellschaften, Manager und Prozesse förmlich durchleuchten. Der Fachmann spricht von einem »Request for Proposal« (RFP), also einer Angebotsanfrage. Standen solche RFPs früher nur den ganz großen Anlegern und Vertrieben zur Verfügung, wird ihr Einsatz heute in Form standardisierter Bögen weitaus demokratischer gehandhabt.

Es entsteht ein Preis- und Leistungsdruck, der erste Kennzeichen eines sogenannten »Käufermarktes« trägt.

In der Konsequenz entsteht ein Preis- und Leistungsdruck, der erste Kennzeichen eines sogenannten Käufermarktes trägt. Das heißt: Nachfrager und Konsumenten kommen gegenüber den Verkäufern und Anbietern in eine immer bessere Verhandlungsposition, und sie wissen diese vielfach auch geschickt zu nutzen. Im Zuge dessen nimmt die Preissensibilität ebenso zu wie der Qualitäts- und Service-Anspruch.

Für die Investmentgesellschaften bedeutet das mehr Transparenz, mehr Arbeit und geht im Zuge des früher oder später fortschreitenden Preiskampfes mit tendenziell schrumpfenden Margen einher. Aus Verbrauchersicht ist das eine durchaus erfreuliche Entwicklung, wenngleich man sich fragen muss, wie viel Information und Wettbewerb vielleicht auch des Guten zu viel sind. Aber dazu später an anderer Stelle noch etwas mehr.

2.6 VISIBILITÄT

Die Herausforderung, sich qualifizierte Informationen zu Fonds zu verschaffen, besteht keineswegs, wie man vielleicht annehmen könnte, in ihrer unzureichenden Verbreitung. Vielmehr liegt sie in der Selektion relevanter Daten, Fakten und Meinungen aus der Flut der auf uns einprasselnden Nachrichten, Bilder, Zahlen und Eindrücke begründet.

Mehrere hundert Anbieter, mehrere tausend Produkte und unzählige Finanzdienstleister buhlen um die Gunst der Anleger.

Mehrere hundert Anbieter, mehrere tausend Produkte und unzählige Finanzdienstleister, seien es Berater, Vertriebe, Institute oder auch Service-Provider, buhlen um die Gunst der Anleger. Heerscharen von Medien wie Zeitungen und Magazine, aber auch Online-Portale, Newsletters, Netzwerke und Webseiten wollen Botschaften verbreiten sowie Geschehnisse kommentieren und bewerten. Es geht um Auflagen und Klicks, von diversen Ratings und Gütesiegeln ganz zu schweigen. Sie alle zusammen begehren Aufmerksamkeit – unsere Aufmerksamkeit!

Um sie zu gewinnen, werden immer mehr Inhalte produziert und in der Tonart vielfach spürbar zunehmend reißerischer und lauter beschallt. Ein dichter Hagel aus Heften, Beilagen, Infopost und Mails deckt die Anleger und Berater an ihren Wohn- und Arbeitsstätten ein. Darüber hinaus wird versucht, sich auch mithilfe von öffentlicher Werbung an Knotenpunkten des Nah- und Fernverkehrs in Erinnerung zu bringen. An Bushaltestellen, Bahnhöfen und Flughäfen, ja sogar in Stadien und an Skiliften wird gesponsert und getextet, als gäbe es kein Morgen.

»Too much information!« Haben Sie diesen Satz schon mal gehört oder das, was er beschreibt, selbst erlebt? Dabei hat die Medaille der Visibilität durchaus zwei Seiten der Sichtbarkeit. Die Anbieter müssen sich fragen, wie sie aus der Masse der Wettbewerber positiv hervorstechen können, um wahrgenommen und mit bestimmten Aussagen assoziiert zu werden.

Für Anleger, Berater und Beobachter geht es hingegen darum, inhaltlich valide Informationen zu erkennen und zu gewinnen und zwar, ohne sich der Gefahr psychischer Sättigung auszusetzen. Eine solche (Über-)Sättigung entsteht im Zuge ständiger Wiederholungen, Widersprüche und Superlative, die auf den Informationssuchenden einwirken und drohen, ihn abstumpfen zu lassen. Im schlimmsten Fall werden ausgeprägte Abneigungen gegen die Thematik entwickelt. Die Geldanlage ist einfach viel zu wichtig, als dass man es sich leisten könnte, an dieser Stelle abzuschalten.

Weniger ist mehr! Das ist schon klar. Aber wie erreicht man das gesunde Maß an nützlicher Information? Den Gesellschaften bleibt nicht viel anderes übrig, als ihre Informationen weiter an die Frau und den Mann zu bringen. Schließlich werden Investmentfonds eher aktiv vertrieben als passiv gekauft. Ohne dauerhaft herausragende positive Performanceleistungen sind Marketing-Maßnahmen und Public-Relation-Strategien praktisch unverzichtbar. Die Anbieter können nur versuchen, die Botschaften besonders einprägsam zu verpacken, damit sie sich von denen der Wettbewerber abheben. Ferner müssen sie sich bemühen, die Anleger und Berater mit den eigenen Aktionen nicht zu stark zu bedrängen. Um einer Betriebsblindheit vorzubeugen und um hinsichtlich der Kommunikationstechniken auf der Höhe der Zeit zu bleiben, lassen sich die entsprechenden Fachabteilungen der Kapitalverwaltungsgesellschaften im Rahmen ihrer Arbeit von externen PR- und Werbe-Agenturen beraten.

Weniger ist mehr! Aber wie findet man das gesunde Maß an nützlicher Information?

Die Anleger haben da schon eher eine Wahl. Natürlich können sie nicht die Augen schließen, um der Bandenwerbung beim Fußball oder der gesponserten Werbung am Abflug-Gate eines Flughafens zu entgehen. Aber sie können entscheiden, was sie an sich heranlassen, wie sie Informationen aufnehmen und auf welchen Kanälen sie selbst kommunizieren. Sie können in gewisser Hinsicht eine Form geistiger Diät halten. Statt auf Reize zu reagieren, können sie agieren, das Heft selbst in die Hand nehmen, gezielt nach Informationen zu bestimmten Themen oder Produkten suchen und dabei lernen. Wichtig ist es, das eigene Wissen schrittweise und strukturiert aufzubauen, nicht zu leichtgläubig zu sein und stets neugierig zu bleiben.

2.7 DIGITALISIERUNG

Die Digitalisierung hat unser aller Leben in den letzten Jahren erheblich verändert. Digital, das sind längst nicht mehr nur die Computer und Roboter an unseren Arbeitsplätzen und die Spielkonsolen daheim. Das Wort »digital« bezeichnet immer häufiger die totale Vernetzung des Individuums mit seiner Umwelt. Mit der Digitalisierung geht logischerweise auch eine Anpassung des Informations- und Kommunikationsverhaltens einher, die durch mobile Systeme wie Smartphones und Tablets ermöglicht wird.

Es versteht sich von selbst, dass diese Entwicklung weder vor der Finanzindustrie im allgemeinen noch der Fondsbranche im speziellen Halt macht. Und so kann ein jeder heute mithilfe seines Telefons unter anderem Push-Nachrichten zu Börsendaten und Wirtschaftsmeldungen erhalten, mit Anbietern und Gleichgesinnten chatten, seine Depots überwachen, Wertpapiere ordern und sogar Zahlungen veranlassen. Und zwar überall auf der Welt und rund um die Uhr, 24 Stunden am Tag und sieben Tage in der Woche »24/7«, wie es im digitalen Sprachgebrauch so schön heißt. Niemand muss mehr warten, bis der Bankschalter öffnet oder der Finanzberater vorbeikommt.

Denkt man gerade einmal zwei bis drei Jahrzehnte zurück, hat sich viel getan. Damals mussten die Kurse verschiedener Investmentfonds noch den Finanzteilen überregionaler Tageszeitungen entnommen, mithilfe eines Taschenrechners und der aktuellen Devisenkurse gegebenenfalls der heimischen Währung angepasst und saldiert werden. Nur so konnte sich ein Anleger einen Überblick über sein Vermögen verschaffen. Es gab verschiedene Anträge für jede Investmentgesellschaft. Depoteröffnungen dauerten ein bis zwei Wochen. Das Telefax galt als modernste Form der Kommunikation. Und zweimal im Jahr warf der Postbote die Rechenschaftsberichte in den Briefkasten des Anlegers. Gut, dass diese Zeiten hinter uns liegen.

Blickt man auf die Wertschöpfungskette der Fondsindustrie, wird schnell deutlich: Die Digitalisierung hat inzwischen alle Teilbereiche geprägt: das Management und die Risikokontrolle, die Verwahrung, das Marketing sowie die Beratung und den Vertrieb. Über die Lagerung und den Handel von Fondsanteilen auf modernen Fondsplattformen habe ich an anderer Stelle bereits gesprochen. Daher möchte ich hier das Interesse einmal über drei Schlagworte auf weitere Aspekte lenken, die im Zuge der Digitalisierung der Fondsbranche von Bedeutung sind.

»**Big Data**«: Die automatisierte Verarbeitung von Massendaten aus Internetabfragen, Navigationssystemen, Bezahldiensten und vielen weiteren Quellen ermöglicht Fondsmanagern noch zielgerichtetere Investments und verfeinerte Risikokontroll-Mechanismen. Algorithmen, Simulationen und daraus abgeleitete Prognosen sollen es den Asset-Managern erleichtern, auf zukünftige Marktentwicklungen rückzuschließen und sich auf etwaige Turbulenzen vorzubereiten.

»Big-Data« ermöglicht den Investmentgesellschaften darüber hinaus aber beispielsweise auch detaillierte Analysen der Bedürfnisse, der Wünsche und des Anlegerverhaltens unterschiedlicher Zielgruppen. Diese Punkte sind bei der Produktentwicklung und der differenzierten Ansprache unterschiedlicher Kundenschichten von großer Bedeutung.

»**Robo Advice**«: Mit »Roboter-Berater« ist hier vor allem die Automatisierung von Anlageentscheidungen im Zuge der Vermögensverwaltung gemeint. Regelbasierte Modelle entwickeln, bestimmen und überwachen Portfoliostrukturen und passen sie den Marktentwicklungen an. Die Steuerung erfolgt dabei mehrheitlich über historische Charakteristika einzelner Anlageklassen oder die Überwachung von Schwankungsbandbreiten der Zielinvestments und vorher klar definierter Risikobudgets.

Bei näherer Betrachtung beginnt »Robo-Advice« bereits, traditionelle Vertriebswege unter Druck zu setzen, gerade mit Blick auf das aus Sicht der Kapitalverwaltungsgesellschaften und Banken als besonders aufwendig empfundene Geschäft mit Kleinanlegern. Kritik am Robo-Advice setzt vor allem an der vermeintlichen Sterilität dieser Beratungsform und der den Strategien möglicherweise innewohnenden Prozyklik an.

»**Social Proof**«: Die schon mehrfach angesprochene Vernetzung vieler Anleger kann rasch zur viralen Meinungsbildung im Hinblick auf einzelne Produkte und Entwicklungen führen. Man überlege sich einfach einmal, wem man früher seinen Unmut über eine schlechte Finanzanlage oder die Begeisterung für ein besonders gutes Investment hätte kundtun können. Mit lauter Stimme hätte dieser Verlautbarung vielleicht der Nachbar und jeder einzelne Freund gelauscht, den man im Laufe der Zeit getroffen hätte. Die größte Reichweite wäre vermutlich über einen Leserbrief im lokalen Stadt-Anzeiger erreichbar gewesen. Als Mitglied bestimmter Interessengemeinschaften bei Facebook & Co. kann man dagegen heute Tausende andere potenzielle Anleger in Echtzeit informieren, sich aber auch gleichzeitig bei Bedarf, wann immer man will, den Rat dieser »Community« einholen.

> **Der Umgang mit neuen Formen der Technik hat auch etwas mit ihrem Verständnis und ihrer persönlichen Akzeptanz zu tun. Man muss sie leben, um sie beurteilen zu können.**

Für die Anbieter und Berater der Fondsbranche sind derartige Möglichkeiten der Multiplikation Fluch und Segen zugleich, wie man sich vorstellen kann. Zudem hat der Umgang mit neuen Formen der Technik und Kommunikation auch etwas mit ihrem Verständnis und ihrer persönlichen Akzeptanz zu tun. Kurzum, man muss sie leben, um sie beurteilen zu können.

Wer übrigens die Digitalisierung der Finanzbranche allein auf das oftmals gehörte Wort »Fintech« zu reduzieren sucht, greift zu kurz. Richtig ist indes vermutlich, dass diese Finanztechnologie-Unternehmen der etablierten Finanzindustrie, die lange Jahre eine in anderen Gesellschaftsbereichen zu beobachtende Dynamik der Digitalisierung vermissen ließ, Beine gemacht hat.

Und wer jetzt abschließend meint, er hätte alles verstanden, dem sei erklärt, dass die nächste technische Welle der Digitalisierung schon angerollt ist. Sie bringt Elemente wie die dezentrale Protokollierung von Transaktionen in Form der Blockchain, rein digitale Währungen und viele andere Elemente mit sich. Ihr Nutzen ist zwar schon erkennbar, aber in den Augen vieler Marktteilnehmer noch nicht hinreichend bewiesen.

Wir halten fest: Digitalisierung ist ein fortlaufender Prozess, dem man sich anpassen muss, kein Zustand, an den man sich einmalig gewöhnt.

Digitalisierung ist ein fortlaufender Prozess, dem man sich anpassen muss. Es handelt sich nicht etwa um einen Zustand, an den man sich einmalig gewöhnen kann.

2.8 ASSET ALLOCATION

Der Trend zu flexiblen Investmentlösungen hat der Investmentbranche in den vergangenen Jahren gewisse Strukturbrüche beschert.

Der Trend zu flexiblen Investmentlösungen hat der Investmentbranche in den vergangenen Jahren gewisse Strukturbrüche beschert. Wenn sich diese Entwicklung nicht schon aus dem Kapitel »Mischfonds« hat herauslesen lassen, sei sie hier noch einmal unterstrichen. Der Kontrast zwischen teilweise hochgradig spezialisierten Portfoliobausteinen auf der einen Seite und breit gestreuten flexiblen Mischfonds auf der anderen hat im Laufe der Zeit aber nicht nur die Produktlandschaft verändert. Auch die Vertriebswege und Dienstleister müssen umdenken und sich an ein neues Wettbewerbsumfeld gewöhnen. Haben sie doch in Form der Kapitalverwaltungsgesellschaften und ihrer vermögensverwaltenden Fonds eine direkte Konkurrenz erhalten.

Zum besseren Verständnis dieser These beschäftigen wir uns einmal mit der sogenannten Asset Allocation. Diese Strukturierung von Portfolios im Rahmen der Risikostreuung dient der Aufteilung von Vermögen auf verschiedene Anlageklassen, wie beispielsweise Aktien, Anleihen, Rohstoffe und Geldmarktanlagen. Grundsätzlich wird dabei zwischen einer »strategischen« und der »taktischen« Asset Allocation unterschieden. Die Strategie definiert die langfristigen Rahmenbedingungen und Bandbreiten, die Taktik dient der Reaktion auf kurzfristige Marktentwicklungen.

In der Praxis kann das dann so aussehen: Die strategische Asset Allocation definiert für einen Vermögensverwalter beispielsweise eine Bandbreite für Aktieninvestments zwischen 50 % und 80 %, für Anleihen zwischen 20 % und 50 %. Angesichts eines in seinen Augen überhitzten Aktienmarktes reduziert er in seiner taktischen Asset Allocation den Aktienanteil seines Portfolios von zuletzt 70 % auf 60 %. Zugleich erhöht er das Gewicht seiner Anleihen um zehn Prozentpunkte von 25 % auf 35 %. Im Rahmen seiner strategischen Bandbreiten atmet das Portfolio also taktisch und reagiert damit auf Kapitalmarktentwicklungen.

Blickt man nun in die Historie der Publikumsfonds in Deutschland zurück, erkennt man, dass die Fonds jahrzehntelang weder eine strategische noch eine taktische Asset Allocation offerierten. Es gab vor allem reinrassige Aktien-, Immobilien- und Rentenfonds, die obendrein häufig auch noch regional oder auf Sparten wie Staatsanleihen und Unternehmensanleihen spezialisiert waren. Paradebeispiel derartiger Investments war und ist nicht zuletzt der erste deutsche Fonds: der FONDAK. FONDAK stand schließlich ursprünglich für »**FON**ds für **D**eutsche **AK**tien«.

Diese Bausteine boten sich angesichts der Börsenzyklen aber nur bedingt als Investments zum »Kaufen« und »Halten« an. Manches Mal wurde wieder verloren, was schon verdient war, und die Kursschwankungen verlangten den Anlegern ein gutes Nervenkostüm ab. Unabhängige Berater, Vermögensverwalter und Banken übernahmen vor diesem Hintergrund in der Wertschöpfungskette nicht nur den Vertrieb für die Kapitalverwaltungsgesellschaften, sondern auch die Aufgabe der Asset Allocation für den Anleger. Sie bauten aus verschiedenen spezialisierten Investments breiter gestreute Lösungen der Vermögensverwaltung, die mit Timing-Ansätzen den Kursschwankungen zu begegnen suchten.

Diese, wenn man so will, arbeitsteilige Welt, gehört heute immer mehr der Vergangenheit an. Im Rahmen erster Mischfonds mit starren Aufteilungen wie etwa Aktien 50 % und Anleihen 50 % begannen einige Kapitalverwaltungsgesellschaften, in einem ersten Schritt strategische Asset Allocation anzubieten. Später kam dann im Zuge aktiv gemanagter Vermögensverwal-

Die arbeitsteilige Welt, Portfoliobausteine von Kapitalverwaltungsgesellschaften zu beziehen und Asset Allocation nur von Vermögensverwaltern und Dienstleistern, gehört der Vergangenheit an.

tungsfonds auch die taktische hinzu. Spätestens in Form von vermögensverwaltenden Dachfonds, also Fonds, die statt in Einzeltitel wie Aktien und Renten selbst in Fondsanteile investieren, ist ein direkter Wettbewerb mit standardisierten Fondsvermögensverwaltungen von Banken und Vertrieben entstanden. Die gleichzeitig zu beobachtende Digitalisierung hat die Anbieter dabei auch technisch in die Lage versetzt, mit potenziellen Anlegern direkt über das Medium Internet in Verbindung zu treten.

Im Ergebnis bieten viele Investmentgesellschaften immer noch hochgradig spezialisierte Branchen, Länder- und Strategiefonds an. Aber statt sich wie früher auf die Zulieferung von Multiplikatoren wie Banken und Vermögensverwaltern zu beschränken, mischen sie immer häufiger in deren Geschäftsfeld lebhaft mit. Um Abgrenzung und die Darstellung ihres Mehrwertes bemüht, können die freien Berater, Vertriebe und Vermögensverwalter dabei immer noch Vorteile herausstellen, vor allem aber können sie die Karte ihrer übergeordneten Unabhängigkeit ausspielen. Sie müssen sich aber mit ihren Ergebnissen auch an den Leistungen guter vermögensverwaltender Mischfonds messen lassen. Ihr Alleinstellungsmerkmal beginnt zu erodieren. Den Verbraucher muss das nicht stören. Ganz im Gegenteil: Er profitiert vom Wettbewerb.

Wer schafft es in die nächste Runde?

2.9 FINANZMARKTREGULIERUNG

»Welche Treiber haben die Fondsbranche in der jüngeren Vergangenheit am meisten beeinflusst?« Auf diese Frage haben mir in den vergangenen Jahren diverse Vorstände von Kapitalverwaltungsgesellschaften immer wieder eine ähnliche bis gleiche Antwort gegeben: »die Regulierung«, »der Regulator«, »der Gesetzgeber«. Bemerkenswert erschien mir dabei oftmals vor allem der Umstand, dass die Finanzmarktregulierung zumeist noch vor den Faktoren »Kapitalmärkte« und »Digitalisierung« genannt wurde. So allgegenwärtig, alles umfassend und alles betreffend ist der Einfluss, den der Gesetzgeber auf das Fondsgeschäft mittlerweile ausübt.

Das war nicht immer so. Aus Sicht vieler Politiker lief die Finanzbranche lange Zeit an der langen Leine und bedurfte keiner strengeren Regulierung. Und auch die zu Jahrtausendbeginn angestrebte europaweite Normierung nationaler rechtlicher Standards wäre vermutlich weitaus weniger spektakulär ausgefallen, wäre da nicht die Finanzkrise 2008 gewesen. Ihr Ausmaß, der entstandene gesellschaftliche Vermögensschaden und die unzähligen Beschwerden betroffener Anleger haben die Stimmung umschlagen lassen. Und so lautete der politische Konsens nach den ersten Beratungen denn auch schnell: »Zukünftig darf es kein Produkt und keine Dienstleistung mehr geben, die nicht reguliert und überwacht ist.« Eine Wiederholung der Finanzkrise in der zuletzt gesehenen Größenordnung, da war man sich einig, wird es nie geben dürfen. Sie wäre dem Wähler schlichtweg nicht zu erklären.

Eine Regulierungswelle nie zuvor gesehenen Ausmaßes schwappte über die Finanzbranche.

In der Folge schwappte eine Regulierungswelle in nie zuvor dagewesenem Ausmaß über die Finanzbranche herein. Sie brachte als Vorgabe unter anderem überarbeitete europäische Richtlinien mit sich, ein sogenanntes Anlegerschutz- und Funktionsverbesserungsgesetz, ein Kleinanlegerschutzgesetz, ein neues Kapitalanlagegesetzbuch, neue Verordnungen zur Vermittlung von Wertpapieranlagen und Versicherungen, neue Datenschutzgesetze und eine Investmentsteuerreform. Man kann sich vorstellen, was in den entsprechenden Fachabteilungen der Gesellschaften los war und bis heute ist. Wie sagte der Personalvorstand einer Kapitalverwaltungsgesellschaft einmal mit einem Augenzwinkern so treffend zu mir? »Wir stellen eigentlich nur noch Verwaltungsjuristen und IT-Spezialisten ein«. Führt man sich vor Augen, welche Kapazitäten im Zuge der Erfüllung der neuen Auflagen vorzuhalten sind und welche Investitionen mit diesem Fachpersonal verbunden sind, erkennt man auch, warum gerade kleinere Vermögensverwaltungen und Vertriebseinheiten unter dem regulatorischen Druck besonders leiden. Mancher war gezwungen, im Zuge von wirtschaftlichen Überlegungen und Notwendigkeiten strategische Allianzen einzugehen, zu fusionieren oder sogar das Feld ganz zu räumen. Und diejenigen, die das taten, werden wahrscheinlich auch nicht die letzten gewesen sein.

Gespräche mit politischen Vertretern in Berlin haben mich immer wieder erkennen lassen, von welcher Motivation die Regulierung getrieben ist und welche Ziele sie verfolgt. Über allem schwebt der Begriff »Verbraucherschutz«. In seiner Mitte steht zwar immer noch das Bild des mündigen eigenverantwortlich handelnden Bürgers als Anleger. Er soll seine Entscheidung aber in Kenntnis aller notwendigen Informationen treffen können, die ihm in verständlicher Form zu übermitteln sind. Das gilt besonders für das Chance-Risiko-Profil der ihm zur Auswahl stehenden Anlageformen und für die finanzielle Entlohnung aller am Geschäft beteiligten Akteure.

Über allem schwebt der Begriff »Verbraucherschutz«.

Diese Ansprüche ehren den Gesetzgeber und sind, wenn man so will, recht und billig. Indessen muss die Frage gestattet sein, inwieweit im Zuge ihrer Verfolgung eine Überregulierung droht und inwieweit der entstandene Rechtsrahmen im Alltagsgeschäft wirklich praktikabel ist. Manches Mal scheint mir die Fondsberatung und -vermittlung zudem in eine Sippenhaft allgemein verschärfter Regeln für die gesamte Wertpapierberatung geraten zu sein, die aus ihrer Perspektive weder erforderlich wären noch von ihr verschuldet sind. Am Ergebnis ändert das freilich erst einmal nichts.

Und so wankt denn manch neuer Fondsanleger nach den für seinen Erstkauf erforderlichen Beratungsgesprächen oftmals völlig ermattet von seinem Berater oder seiner Bank nach Hause. Schließlich hat er diverse Befragungen, Erklärungen, Aufklärungen und Belehrungen zur Kenntnis genommenen, unzählige Dokumente wie Basisinformationen, Schlüsselinformationsblätter und Verkaufsprospekte ausgehändigt oder zumindest angeboten bekommen und eine Menge Unterschriften geleistet. Wer online gekauft hat, musste ebenso viel lesen und zur Kenntnis nehmen oder hat die entsprechenden Dialoge einfach überscrollt und weggeklickt.

Wird die Finanzberatung auf diesem Wege besser? Man weiß es nicht, aber man ahnt es: vermutlich nicht! Stattdessen leistet sie wahrscheinlich im Ergebnis weiterer Standardisierungen im Zuge von Kasten gleicher Vermögensverwaltungslösungen Vorschub, aus denen sich die Anleger ohne Beratung selbst bedienen sollen. Denn individuelle zusätzliche Aussagen und Erklärungen bergen möglicherweise Haftungsrisiken für die Institute, auf jeden Fall aber bringen sie den Aufwand weiterer Dokumentationen mit sich.

Vor diesem Hintergrund bleibt zu hoffen, dass das Pendel der Regulierung eines Tages auch wieder einmal etwas zurückschwingen könnte. Was mich zu diesem Optimismus veranlasst? Wie zu hören ist, fordern auch einzelne Politiker nach dem Kraftakt jüngster Regulierungen nun erst einmal eine Phase ruhiger Prüfung, wie die neuen Gesetzeswerke in der Praxis wirken. Und mancher wurde inzwischen vielleicht auch schon einmal selbst im Rahmen seiner privaten Geldanlagen »beraten«. Ein Schelm, wer jetzt denkt: »Was du nicht willst, dass man dir tu, das füg auch keinem andern zu!«

TEIL 3

ANLEGER UND BERATER

3.1 VIELE WEGE FÜHREN ZUM FONDS

Kapitalanlage mittels Fonds ist keine »Quantenphysik« und auch keine »Raketenwissenschaft«.

»Alle Wege führen nach Rom«, heißt es. Ich formuliere es in Anlehnung an das Sprichwort mal so: »Viele Wege führen zum Fonds.« Nehmen wir beispielsweise die Direktanlage, also den eigeninitiierten Kauf von Fondsanteilen über eine Direktanlagebank oder die Registerverwahrung einer Kapitalverwaltungsgesellschaft, zumindest da, wo das noch oder vielleicht sogar schon wieder angeboten wird. Viele Investmenthäuser haben sich in den vergangenen Jahren auf das Anlagemanagement konzentriert und andere Aufgaben wie die Verwahrung von Fondsanteilen ausgelagert. Wir halten fest: Der Anleger sucht sich seine Fonds selbst aus und ordert sie auch auf eigene Faust. Er berät und coacht sich quasi selbst. Unterstützung bieten ihm unter anderem die laufende Finanzberichterstattung, Ratgeber, Blogger und »How-to...«-Tutorials auf der Video-Plattform YouTube im Internet.

Selbst machen oder andere machen lassen?

Ein anderer Weg ist der Erwerb von Fonds infolge der Vermittlung durch eine Bank oder einen freien Berater. Hier spricht man auch von der Anlagevermittlung. Zusammen mit dem Berater wird eine Bedarfsanalyse ausgeführt, anschließend wird ein Bündel von Fonds definiert, das dem Kunden empfohlen wird. Durch Unterschrift unter einzelnen Orders oder Online-Bestätigung per PIN und TAN-Nummer löst der Anleger den Kauf der entsprechenden Fondsanteile selbst aus, ebenso ihren späteren Verkauf. Je nach Ausgestaltung des Geschäftsverhältnisses kann es sich dabei um einen einmaligen Akt oder regelmäßig wiederholte Vorfälle im Sinne einer dauerhaften Beziehung handeln. In diesem Zusammenhang sei angemerkt, das sich in den letzten Jahren verschiedene Finanzdienstleisterinnen auf die Beratung weiblicher Anleger spezialisiert haben.

Ein dritter Weg: der Gang zu einem Vermögensverwalter. Das Wort »Verwalter« sagt es schon: Hier werden stellvertretend für den Anleger Detail-Entscheidungen getroffen, zu denen er den Vermögensverwalter durch Vertragsabschluss zuvor auf Zeit ermächtigt hat. Auch hier werden mit den Anlegern Bedarfsanalysen durchgeführt, die allerdings abweichend von der Anlagevermittlung nicht direkt in einer Fondsauswahl münden, sondern in der Zuordnung der Investoren zu einer von mehreren vorher definierten Chance-Risiko-Gruppen einer standardisierten Fonds-Vermögensverwaltung. Der Verwalter handelt für alle Kunden dieser Gruppe im Rahmen der Vorgaben gleich, führt ihre Konten getrennt und legt regelmäßig Rechenschaft über sein Handeln ab: Welche Fonds wurden ge- und verkauft? Welche Rendite wurde dabei erwirtschaftet?

Eine Mischung zwischen den zuvor genannten Anlageformen ist der Weg über einen Robo-Advisor. Hier wird die Bedarfsanalyse des Anlegers direkt über den Computer vorgenommen, was heißt, sie spielt sich im Internet ab. Dem »Input« des Anlegers folgt das »Output« des Anbieters. Bildlich gesprochen heißt dies, vorne werden Daten eingegeben, hinten kommen Anlagevorschläge heraus. Dazwischen arbeiten Algorithmen. Ob sich diese auf Einzelfonds oder Vermögensverwaltungs-Lösungen beziehen, hängt vom Geschäftsmodell des einzelnen Anbieters und den Lizenzen ab, über die er verfügt. Robo-Advisors offerieren ihre Angebote teilweise als rechtlich selbständige Unternehmen, immer häufiger aber auch als einer von verschiedenen Absatzkanälen einzelner Banken und Vertriebe. Es liegt auf der Hand, dass es sich bei den technischen Lösungen des Robo-Advice, man spricht an dieser Stelle bisweilen auch von »künstlicher Intelligenz«, um den jüngsten Absatzweg für Fonds handelt.

Fonds können aber nicht nur in der Verpackung der Vermögensverwaltung erworben werden, sondern auch im Versicherungsmantel. Dann spricht man von »Fondspolicen«. Dabei kann es sich sowohl um fondsgebundene Rentenversicherungen als auch um fondsgebundene Lebensversicherungen handeln. Im Unterschied zu klassischen kapitalgedeckten Lebens- und Rentenversicherungen wird der Kapitalstock der Fondspolicen, wie der Name schon sagt, nicht vom Versicherer stellvertretend für seine Kunden in Aktien, Renten, Immobilien und vieles mehr angelegt, sondern nach Absprache mit den Versicherungsnehmern in bestimmten Publikumsfonds. Solche Policen können über Berater und Banken erworben werden, die eine Erlaubnis zur Vermittlung besitzen. Sie lassen sich teilweise auch direkt im Internet abschließen.

Nicht zuletzt mit Blick auf die entstehenden Kosten fragen sich viele Anleger grundsätzlich, ob sie eines dauerhaften Beraterverhältnisses bedürfen. Eine wachsende Gruppe von beherzten sogenannten »Selbstentscheidern« lebt ihnen jeden Tag vor, dass es auch ohne Vermögensverwalter, Vermittler und Berater geht. Notwendig sind demnach allein ein Internetanschluss, eine Online-Bank, etwas Zeit, sich mit der Materie zu beschäftigen, sowie ein gewisses Verständnis und eine gewisse Sympathie für das Thema. Ja, das ist zweifellos richtig! Kapitalanlage mittels Fonds ist keine sprichwörtliche »Quantenphysik« und auch keine »Raketenwissenschaft«. Trotzdem erfordert der Weg zum autonomen Anleger doch schon noch etwas mehr als die zuvor genannten Punkte.

Halten wir uns in den folgenden Kapiteln doch einmal jene Aufgaben vor Augen, die ein guter, weil qualifizierter, erfahrener und empathischer Berater oder das Service-Center einer Bank für seinen Kunden übernehmen sollte. Wer nach Überprüfung dieser Checkliste dann den Eindruck gewinnt, darauf verzichten und diese Funktionen selbst ausüben zu können, sei herzlichst dazu eingeladen, eigene Wege zu beschreiten. Wer hingegen Symptome der Überforderung zeigt oder den Aufwand scheut, sollte tendenziell eher über die Wahl eines guten Beraters oder Verwalters nachdenken. Das, bitte schön, ist keine Schande. Wir backen im Regelfall auch unsere Brötchen nicht selbst, sondern kaufen sie beim Bäcker, wir gehen zum Architekten, wenn wir ein Haus bauen wollen, in die Werkstatt, um das Auto reparieren zu lassen und vertrauen die Diagnose unserer Krankheiten spezialisierten Ärzten an.

Alles klar?

3.2 DER DOLMETSCHER

Eine der wichtigsten Aufgaben, denen ein guter Berater nachkommen muss, ist die des »Dolmetschers« oder wie es im Comedy-Fernsehen so schön heißt, des »Erklär-Bären«. Nicht jedem sagen Begriffe wie »Volatilität«, »Minimum Varianz«, »Tracking Error« oder auch »Jensens Alpha« etwas. Muss man das alles verstehen? Nein, grundsätzlich wohl nicht. Im Zweifelsfall aber vielleicht doch. Und dann ist es gut, wenn einer sie kennt. Unverstandenes Fachchinesisch ist ein schlechter Begleiter im Umfeld anstehender Anlageentscheidungen.

Rechenschaftsberichten, Verkaufsprospekten und Informationsblättern wohnt eine ganz eigene Sprache inne.

Es sind aber nicht nur einzelne Wörter, die einen Anleger bisweilen bei der Lektüre und geistigen Verarbeitung der gebotenen Information stocken lassen, sondern oftmals auch die Rechenschaftsberichten, Verkaufsprospekten und Informationsblättern innewohnende ganz eigene Sprache. Beispielhaft nehmen wir im Folgenden einmal einen Auszug aus der Erklärung eines Garantiefonds: »Es wird angestrebt, dass der Gesamtwert des Aktienindex, dessen Wertentwicklung durch SWAPS, Total-Return-SWAPS, Optionen, Call-Optionsscheine und Call-Optionen abgebildet werden soll, anfänglich dem Netto-Fondsvermögen entspricht.«

Alles klar? Die mit Anglizismen aufgeladene Börsen-und Finanzsprache ist schon für den Profi manchmal schwer verständlich, für den Laien erst recht. Außerdem wird sie bisweilen in Vertragswerken ganz bewusst um juristisches Amts- und Verwaltungsdeutsch angereichert, um nicht zu sagen: erschwert.

Überdies werden mathematische Formeln und Beschreibungen nur bedingt verständlicher, wenn man sie ausgeschrieben vor sich sieht. Hier ein Auszug aus den »Wesentlichen Anleger-informationen« des gleichen Fonds: »Die Durchschnittsbildung erfolgt auf vierteljährlicher Basis, indem die Summe der Indexstände der Bewertungsstichtage im Investmentzeitraum durch die Anzahl der Bewertungsstichtage (28) geteilt wird. Liegt der so gebildete Durch-schnittswert am Ende des Investitionszeitraumes (Stichtag) über dem Indexwert zu Beginn des Investitionszeitraums, wird der Anteilswert zu Beginn desselben um eben diese Differenz in Prozent multipliziert mit der Partizipationsrate erhöht.« Alles verstanden?

Die Funktion des Dolmetschers gewinnt aber auch noch aus anderen Gründen an Bedeu-tung. Das Marktumfeld wird zunehmend erklärungsbedürftig, und die Produktlösungen wer-den vielfach komplexer. Nicht ohne Grund schulen viele Kapitalverwaltungsgesellschaften ihre Vertriebsmitarbeiter und Kooperationspartner bisweilen stunden- und tagelang durch Fachleute, um die Funktionsweise und den Hintergrund einzelner Produkte besser zu ver-stehen und selbst erklären zu können.

Das Internet bietet unzählige Möglichkeiten, sich Fachbegriffe und Zusammenhänge erklä-ren zu lassen: Wikipedia, Börsenlexika, Verbraucherschutzseiten und vieles mehr machen es möglich. Wer sich selbst helfen will, ist gut beraten, mit einfachen Begriffen, Produkten und Zusammenhängen zu starten und keine Anlageentscheidung auf Basis von Halbwissen zu treffen. Wo man etwas nicht versteht, ist es ratsam, erst einmal jemanden zu fragen. Wer sich für einen Berater entscheidet, sollten denjenigen wählen, der es schafft, bildlich und mit einfachen Worten zu sprechen, und vielleicht auch einen, der nicht vorgibt, alles zu wissen. Denn das tut bekanntlich keiner.

Das Marktumfeld wird erklärungsbedürftiger, und die Produktlösungen werden vielfach komplexer.

Digital geht es besser als analog?

3.3 DER ASSISTENT

Ein guter Berater ist immer auch ein guter Assistent. Und zwar im Sinne der gesamten Bandbreite der Begriffe, die synonym zum Wort »Assistenz« gebraucht werden: Hilfe, Mitwirkung, Zusammenarbeit, Beistand, Rückhalt, Unterstützung, Förderung und Protektion. Ein solcher Berater gibt dem Anleger das Gefühl, nicht allein mit der Thematik Geldanlage zu sein, von Schutz und Sicherheit: so viel Unterstützung wie nötig, so wenig wie möglich. Schließlich wollen die wenigsten Anleger selbst zum Berater ausgebildet werden. Diesen Umstand vergessen die in ihre Materie verliebten Fachleute manchmal gerne.

Der Assistent hilft dem Anleger, seine eigenen Bedürfnisse, Ziele und Wünsche zu ermitteln und zu strukturieren.

Der Assistent hilft dem Anleger, seine eigenen Bedürfnisse, Ziele und Wünsche zu ermitteln und zu strukturieren. Das ist bei der Finanzplanung unerlässlich. Unter anderem geht es dabei um die Dimensionierung der individuellen Risikobereitschaft und die Ermittlung differenzierter Anlagehorizonte für unterschiedliche Spar- und Vorsorgeziele: beispielsweise die Anschaffung eines Autos, die Finanzierung einer Immobilie oder auch die private Altersvorsorge.

Manch einer will es gar nicht so genau wissen und hat sich den Berater ausgesucht, um sich ihm einfach anzuvertrauen.

Im Anschluss ist der Berater dabei behilflich, die ermittelten Rahmendaten in Strategien und Produkte umzusetzen, wobei sich grundsätzlich zwei Möglichkeiten anbieten: einerseits die blanke Empfehlung der vom Berater für zweckmäßig gehaltenen Fonds, andererseits die gemeinsame Ermittlung entsprechender Zielfonds mit dem Kunden über Datenbanken und Produktbeschreibungen.

Der zweite Weg dürfte zu einer größeren Identifikation des Anlegers mit seinen Investmentfonds führen, es handelt sich dabei aber zweifellos auch um das aufwändigere Vorgehen und setzt die Mitwirkungsbereitschaft des Anlegers voraus. Manch einer will es gar nicht so genau wissen und hat sich den Berater ausgesucht, um sich ihm einfach anzuvertrauen.

Inwieweit Vermittler auch zukünftig bereit sein werden, konkrete Lösungen zu benennen, hängt sicherlich von der weiteren Entwicklung der Finanzmarkt-Regulierung ab. Häufen sich Klagen und Regresse, könnte es sein, dass die Mehrheit schrittweise dazu übergeht, dem Verbraucher immer häufiger nur noch bei jener Auswahl zu assistieren, die er selbst zu verantworten hat. Hoffen wir, dass es nicht so kommt.

Im nächsten Schritt ist der Assistent dem Anleger dabei behilflich, die passende Lagerstelle und Handelsplattform für die ausgewählten Fonds zu suchen. Dies ist eine Frage unterschiedlicher Preismodelle, aber auch administrativer und technischer Vorlieben. Wie viel »Support« darf es sein, wie viel muss es sein?

Das Standardprogramm im Sinne eines Mindestmaßes bieten die in einem harten Wettbewerb stehenden Banken und Institute ohnehin an. Unterschiede ergeben sich aber beispielsweise in der Tiefe der Reportings und Analysemöglichkeiten und bisweilen auch im zur Investition angebotenen Produktuniversum. Beispielsweise kann sich die Frage stellen, ob auch der Börsenhandel mit Indexfonds angeboten wird oder welche ausgesuchten Fonds kleinerer Boutiquen offeriert werden.

Wer auf den Berater verzichtet, liest sich in die entsprechenden Themen selbst ein. Der oder diejenige studiert Beschreibungen und Erfahrungsberichte, beispielsweise in Form von Lernvideos und Audiofiles und verbringt viel Zeit mit Eingabemasken, die ihnen ähnliche bis gleiche Fragen stellen, wie ein Berater dies tun würde. An den Aufklärungs- und Dokumentationspflichten ändert sich auf dem Online-Weg schließlich nichts.

Warum der Computer so oder so zu einem zentralen Element des analogen und digitalen Beratungsprozesses wird, dazu gleich mehr.

Läuft wie geschmiert

3.4 DER MASCHINIST

Fonds, die man sich ausgesucht hat, bedürfen einer regelmäßigen, beziehungsweise laufenden Überwachung. Denn bekanntlich ist Vertrauen gut, Kontrolle aber besser. Diese Aussage gilt sowohl für spezialisierte Investments als auch für flexible Mischfonds.

Im ersten Fall muss ein Anleger schließlich prüfen, inwieweit der von ihm selbst gewählte Teilmarkt oder die von ihm ausgesuchte Strategie nach wie vor attraktiv erscheint oder ihren Zweck erfüllt. Im anderen muss er sich davon überzeugen, dass der mit der Vermögensverwaltung beauftragte Fondsmanager sich der ihm eingeräumten Freiheiten immer noch als würdig erweist. Setzt dieser auf die richtigen Teilmärkte und Strategien?

Hat sich der Anleger, wozu ihm zu raten ist, in seinem Portfolio mehrere Fonds zusammengestellt, muss er zudem das Wechselspiel der verschiedenen Produkte im Portfolio im Auge behalten. Ist jedes Ding an seinem Platz, arbeitet alles so zusammen wie geplant?

Wenn nicht, entsteht unter Umständen Handlungsbedarf. Vielleicht sollten Gewinne realisiert werden, Papiere in einem besonders preiswerten Markt nachgekauft werden. Vielleicht kann ein neuer Fondsmanager auch nach längerer Zeit nicht an die Leistungen seines Vorgängers anknüpfen, und das Produkt muss ausgetauscht werden. Womöglich hat sich die Anlageklasse Aktien über einen bestimmten Zeitraum so gut entwickelt, dass ihr Gewicht gegenüber Renten, Rohstoffen und Barbeständen überproportional stark angewachsen ist. Es sollte ausgeglichen werden.

Obendrein gilt es auch, die Produktwahrheit und -klarheit zu überwachen. Was geschieht in dem Fall, dass ein Produkt von den avisierten Charakteristika und Eigenschaften abweicht? Niedrige Kursschwankungen waren beispielsweise das erklärte Ziel eines Fonds, doch sein Anteilpreis zeigt rasante Berg- und Talfahrten. Ein Manager wollte in Stressphasen der Märkte unterbewertete Aktien erwerben, setzt diese Idee aber erkennbar nicht in die Praxis um. Ein Rentenfonds-Manager wollte ausschließlich Anleihen solventer Schuldner kaufen, der Querschnitt seines Portfolios belegt aber zunehmend Papiere schlechterer Bonität. Austauschen!

Der technische Fortschritt vereinfacht Selbstentscheidern und Beratern die Überwachung der Portfolios heutzutage ganz erheblich, unter anderem mithilfe von Alarmfunktionen. So lässt sich beispielsweise individuell definieren, ab welcher Verlustschwelle einer Position oder des ganzen Portfolios der Computer den Anleger oder Verwalter automatisch warnen soll. Hinter den Handelsplattformen liegende Fondsdatenbanken erlauben mittlerweile oftmals auch eine mehrere Fonds übergreifende, saldierte Bestandsanalyse einzelner Anlageklassen und Wertpapiere.

Einige Anbieter offerieren in diesem Zusammenhang Service-Tools, die »Portfolio-Optimierer« genannt werden. Diese hinterfragen den Grad der Risikostreuung des Depots und schlagen Verbesserungen vor, auf Basis der letzten Rechenschaftsberichte, die den Datenbanken zugrunde liegen, versteht sich. Zudem lassen sich häufig auch parallel zu den eigenen Depots sogenannte Buy-and-Watch-Listen führen. Hierbei handelt es sich um simulierte alternative Wertpapierkäufe, die Vergleiche mit bestehenden Investments erlauben. Obendrein versorgen die Handelssysteme den Anleger aufgrund gesetzlicher Verpflichtungen mit allen wesentlichen Satzungs- und Prospektänderungen der von ihm gehaltenen Fonds. Man spricht hier von »dauerhaften Datenträgern«. Einzelne Plattformen bedenken ihre Kunden darüber hinaus auch mit anderen ihre Fonds betreffenden Nachrichten und Informationen.

Der technische Fortschritt vereinfacht Selbstentscheidern und Beratern die Überwachung der Portfolios heutzutage ganz erheblich.

Je größer die technischen Raffinessen, umso leichtfertiger erliegt man der Versuchung, diesen Systemen die Verantwortung für die eigenen Anlageentscheidungen in vollem Umfang übertragen zu wollen.

Es versteht sich von selbst, dass die Funktion des Maschinisten gerade dem Geschäftsmodell der Robo-Advisors entgegenkommt. Sie überwachen Portfolios vollautomatisch und treffen ihre Empfehlungen und Entscheidungen regelbasiert und emotionslos. Aber Vorsicht! Je größer die technischen Raffinessen, umso leichtfertiger erliegt man der Versuchung, diesen Systemen die Verantwortung für die eigenen Anlageentscheidungen in vollem Umfang übertragen zu wollen. Anleger und Berater sollten auch selbst wachsam und handlungsbereit bleiben. Es lohnt sich, regelmäßig mal im Maschinenraum vorbeizuschauen und reinzuhören, ob noch alles ordnungsgemäß läuft, auch und gerade als Kapitän.

Sie müssen jetzt ganz stark sein!

3.5 DER PSYCHOLOGE

Eine der schwierigsten Aufgaben des Beraters ist wahrscheinlich die psychologische Unterstützung seiner Klienten. Gerade im Hinblick auf die Selbstentscheider handelt es sich bei dieser Hilfestellung um eine schwer kompensierbare Leistung. Schließlich ist an dieser Stelle doch ein hohes Maß an Selbstdisziplin gefragt. Aber worum geht es genau?

Im Kern sprechen wir vom Faktor Mensch bei der Kapitalanlage und den mit ihm verbundenen natürlichen Gewohnheiten, Schwächen und Fehlern.

Im Kern sprechen wir vom Faktor Mensch bei der Kapitalanlage und von den mit ihm verbundenen natürlichen Gewohnheiten, Schwächen und Fehlern. Beispielsweise geht es um kognitive Dissonanzen. Dabei handelt es sich um jenes Gefühl von Unbehagen, das sich ausbreitet, wenn Wahrnehmungen, Absichten, Ziele und Wünsche nicht miteinander vereinbar sind. So wollen Anleger häufig überdurchschnittlich hohe Gewinne erzielen. Die Bereitschaft, dafür auch entsprechend höhere Risiken einzugehen, lassen sie aber vermissen.

Ein anderes Beispiel findet sich im Herdenverhalten. Wer will schon gegen den Strom schwimmen? Wenn alle das Gleiche tun, dann muss dieser Weg doch der richtige sein, oder nicht? Dabei wird gerne übersehen, dass viele große Anlagechancen auf antizyklischem Handeln beruhen. Nicht umsonst heißt es: »An der Börse sollst du geben, wenn andere nehmen wollen, und nehmen, wenn andere geben wollen.« Oder wie es der berühmte Investor Sir John Templeton in seinen Maximen einst so treffend formulierte: »Wer die gleichen Anlagen wie alle anderen Anleger tätigt, wird auch die gleichen Ergebnisse erzielen!«

Ein weiteres Beispiel ist der Fluchtreflex. Gefahr droht, also bringen wir uns in Sicherheit. Geschieht das zu früh? Geschieht es unnötigerweise? Und vor allem: Wohin sind wir geflohen? Häufig verleitet uns der Fluchtreflex, der zweifellos auch seine guten Seiten hat, dazu, die an der Börse notwendige Geduld, Konstanz und Übersicht zu verlieren.

Ein anderer Klassiker für nicht immer hilfreiche menschliche Gewohnheiten ist die überzogene Liebe der Investoren zu ihren Heimatmärkten. Hier glauben sie, sich am besten auszukennen, sie vernachlässigen aber vielleicht weitaus interessantere Börsenplätze, in jedem Fall aber den Grundsatz der Risikostreuung.

Überdies neigt der Anleger auch noch zu weiteren Wahrnehmungsverzerrungen. So lässt er sich beispielsweise dazu verleiten, aktuellen Informationen im Rahmen seiner Chance-Risiko-Analysen ein höheres Gewicht zu geben als älteren. Vielleicht sind letztere aber doch von größerer Bedeutung als die neueren Nachrichten.

Alles in allem ist das Feld so weitläufig, dass sich mit der »Behavioral Finance« ein ganzer Forschungsbereich mit der systematischen Erschließung dieser Gesetzmäßigkeiten und Opportunitäten beschäftigt. Er geht der Frage nach, was man aus menschlichen Verhaltensweisen rund um die Kapitalanlage herauslesen kann und wie sich diese Erkenntnisse nutzen lassen.

Was auf der Meta-Ebene die Wissenschaft auf den Plan ruft, fordert im Einzelfall den Berater heraus. Er hilft dem Kunden nicht nur dabei, sich im Rahmen der Risikodimensionierung selbst zu erkennen, sondern hält ihm während der gesamten Anlagedauer auch sprichwörtlich die Hand. Er unterstützt ihn darin, die Entwicklungen und Ergebnisse ausgewählter Produkte und Strategien zu verstehen und zu verarbeiten, im Zweifelsfall sogar auszuhalten.

Manche Verunsicherung lässt sich bereits im Vorhinein erahnen und damit verhindern.

Im Gegensatz zu Odysseus, der sich in der antiken Sagenwelt von seinen Kameraden an den Mast des Schiffes binden ließ, um den verführerischen Gesängen der Sirenen zu widerstehen, muss sich der Berater dabei anderer Methoden bedienen. Meistens sind es Gespräche. Deren Spektrum reicht von Aufklärung, über Erinnerungen und Erfahrungsberichte bis hin zu gutem Zureden. Die Kunst besteht dabei vor allem darin, nicht erst auf offen bekundete Sorgen des Anlegers zu warten, sondern bisweilen auch prophylaktisch tätig zu werden. Manche Verunsicherung lässt sich bereits im Vorhinein erahnen und damit verhindern.

Wer will immer teuer kaufen und billig verkaufen?

3.6 DER ENTERTAINER

Mangelndes Verständnis der als spröde und staubig empfundenen abstrakten Materie paart sich mit der Sorge, fehlberaten oder glatt übervorteilt zu werden.

Die meisten Deutschen sehen einer Anlageberatung ungefähr genauso freudig entgegen wie der nächsten Wurzelbehandlung beim Zahnarzt. Mangelndes Verständnis der als spröde und staubig empfundenen abstrakten Materie paart sich mit der Sorge, fehlberaten oder glatt übervorteilt zu werden. Eigene frühere Erfahrungen und die Berichte gleichgesinnter »Leidensgefährten« summieren sich oft zu einer Abneigung. Sie lässt die Kapitalanlage zu etwas mutieren, was man einfach nur hinter sich bringen will. Der kreative Gestaltungsakt, die Möglichkeit, das eigene Schicksal selbst zu bestimmen und zu verbessern, tritt in den Hintergrund und wird leider nicht gesehen.

Der kreative Gestaltungsakt, die Möglichkeit, das eigene Schicksal selbst zu bestimmen und zu verbessern, tritt in den Hintergrund und wird leider nicht gesehen.

An dieser Stelle ist der Berater als Unterhaltungskünstler gefragt. Macht er seinen Job als Entertainer gut, erinnert im Ergebnis Manches an den Narren früherer Zeiten. Er verpackte Pointen in lehrreichen Possen und hielt seinem Gegenüber reglrecht den Spiegel vor, in dem dieser sich selbst erkannte. Vor diesem Hintergrund sind auch gewisse Parallelen zum Kabarett naheliegend, wo Stilelemente wie Satire, Parodie, Sarkasmus und Ironie miteinander verbunden werden.

So wird die Unterhaltung zum »Infotainment«. Sie gewinnt die Aufmerksamkeit des Zuhörers und Zuschauers, fesselt ihn im übertragenen Sinne und vermittelt Wissen. Dabei darf und muss vielleicht sogar gemalt, geraten, gestaunt und gelacht werden.

Übrigens muss es keineswegs immer nur um die Themen Geld und Vorsorge gehen. Auch aus den vermeintlich als »Small-Talk« verkannten Gesprächsabschnitten können bisweilen interessante und wichtige Informationen und Impulse für den Beratungsverlauf entstehen. Ich denke dabei etwa an die Lebenssituation, das familiäre Umfeld, die Mentalität des Anlegers oder auch seine Neigungen und Wünsche. Wovon träumt er, auf welches Ziel spart er hin? Wie formulierte es der Autor Antoine de Saint-Exupéry einmal: »Wenn du ein Schiff bauen willst, dann trommle nicht Männer zusammen, um Holz zu beschaffen, Aufgaben zu vergeben und die Arbeit einzuteilen, sondern lehre sie die Sehnsucht nach dem weiten, endlosen Meer.«

Der Entertainer ist oftmals gerade dort am meisten gefragt, wo sich der Verbraucher seines Anlagebedarfs noch gar nicht bewusst ist und erst noch an die Kapitalanlage als solche herangeführt werden muss.

Nun liegt es in der Natur der Dinge, dass an den meisten Beratern weder die Showgröße eines Rudi Carrell, eines Kabarettisten wie Dieter Hildebrandt, noch eines Comedians wie Michael Mittermeier verloren gegangen ist. Wäre es so, würden sie heute vielleicht ihr Geld auf anderem Wege verdienen. Der Erfahrungsaustausch mit Kollegen und die Weiten des Internets erlauben es allerdings jedem, sich im Laufe der Zeit verschiedene unterhaltsame Elemente zu einem ganz persönlichen Repertoire zusammenzustellen, aus dem der jeweilige Berater dramaturgisch ganz nach Bedarf schöpfen kann. Man muss das Rad nicht jeden Tag neu erfinden. Manches lässt sich bekanntlich auch mit Quellenverweis übernehmen, wo dies rechtlich geboten ist.

Der Anleger will nicht nur verstehen, er will auch unterhalten werden.

Wir halten fest: Der Anleger will nicht nur verstehen, er will auch unterhalten werden. Vielleicht ist es mir mit diesem Buch ja gelungen, dem einen oder anderen Berater etwas Anschauungsmaterial und einige Ideen zu liefern! Darüber würde ich mich freuen!

TEIL 4

WAS IST ZU TUN?

Frag' dich was du brauchst, nicht was du willst!

Steigen wir zur Beantwortung dieser Frage vielleicht einmal etwas gewagt mit einem Zitat von Mao Tse-tung ein: »Egal wie weit der Weg ist, man muss den ersten Schritt tun.«

Nein, ich möchte Sie als Anleger an dieser Stelle nicht mit der Bitte bedrängen, sich noch heute einen Investmentfonds zuzulegen. Viele von Ihnen besitzen bereits Fonds oder vermitteln diese beruflich mit Erfolg an andere Menschen. Und wenn Sie bisher noch nie in Fonds investiert haben, können Sie damit nun auch noch ein paar Tage warten, solange die Wartezeit nicht zu lange dauert.

Fragen Sie sich doch lieber einmal, worin dieser berühmte erste Schritt besteht und wohin er führen soll. Viele unliebsame Erfahrungen mit Finanzanlagen finden ihren Ursprung in einem ungesunden Aktionismus, der auf ersten Schritten in die falsche Richtung gründet.

> **Statt sich immer wieder zu fragen, was man als Anleger will, was man sich wünscht, sollte man besser am Anfang etwas mehr Zeit darauf verwenden, für sich herauszufinden, was man braucht, und den Bedarf zu ermitteln.**

Statt sich immer wieder zu fragen, was man als Anleger will, was man sich wünscht, sollte man besser am Anfang etwas mehr Zeit darauf verwenden, für sich herauszufinden, was man braucht, und den Bedarf zu ermitteln. Den Unterschied zwischen »wollen« und »brauchen« erkennt man meist erst dann, wenn eintretende Ereignisse nicht zu den eigenen Erwartungen und Bedürfnissen passen wollen oder das sprichwörtliche Kind sogar schon in den Brunnen gefallen ist.

> **Es geht nicht darum, das ultimative Anlagesystem zu finden, dem besten Fonds hinterherzujagen oder die Erfolgsgeschichte des Nachbarn zu überbieten.**

Es geht nicht darum, das ultimative Anlagesystem zu finden, dem besten Fonds hinterherzujagen oder die Erfolgsgeschichte des Nachbarn zu überbieten. Es geht darum, das langfristige Wachstum der Wirtschaft zu verstehen und für sich mittels Aktien- und Mischfonds daraus Profit zu schlagen, und zwar mit der notwendigen Gelassenheit auch die an den Kapitalmärkten früher oder später anstehenden unvermeidlichen Stürme zu überstehen.

Dazu bedarf es einer gewissen Selbstreflexion und der Erarbeitung einer belastbaren mentalen Grundlage für zukünftige Investments. Je stabiler diese ist, umso standfester agiert der Anleger später. Zu den wesentlichen Fragen, die zu klären sind, gehören dabei unter anderem:

- **Welcher Anlegertyp bin ich?** Im Zentrum der Beantwortung geht es um die Beurteilung der eigenen Kenntnisse, Erfahrungen, des Umgangs mit Risiken und der Fähigkeit, Belastungen in Stressphasen auszuhalten.

- **Was brauche ich?** Hier müssen Anlagesummen, Sparraten und Anlagehorizonte individuell definiert und strukturiert werden, damit sie anschließend den passenden Strategien und Produkten zugeordnet werden können.

- **Will ich mich selbst um mein Vermögen kümmern oder andere mit der Verwaltung betrauen?** Die Beantwortung dieser Frage hat nicht nur etwas mit der realistischen Einschätzung eigener Fähigkeiten zu tun, sondern auch mit dem Aufwand, dem Streben nach Komfort, Kostenbewusstsein und mit der Fähigkeit, Dienstleistern zu vertrauen.

Und wenn der Anleger dann auch noch versteht, dass sich Chancen und Risiken bei der Kapitalanlage gegenseitig bedingen, dass das eine gleichsam den Preis des anderen darstellt, dann klappt es auch mit ihm und den Fonds.

TEIL 5

»FONDSGEDANKEN« –
EIN BLICK HINTER DIE KULISSEN

Wenn man sich bald drei Jahrzehnte lang mit Investmentfonds beschäftigt hat und als Informationsdienstleister und Berater mit dieser Thematik sein Geld verdient, liegt es früher oder später nahe, über ein Buch nachzudenken. Wie bereits im Vorwort beschrieben gibt es derlei Publikationen aber reichlich. Und so folgten lange Zeit dem entsprechenden Vorsatz keine konkreten Pläne und Taten.

Im Zuge der Vorbereitungen für Fachvorträge entwickelte ich vor einigen Jahren dann die Idee individuell auf meine Ausführungen und Thesen abgestimmter, sprich, eigens für sie entwickelter Karikaturen. Wohl wissend, was diese Bilder aussagen sollten, war ich schlicht unfähig, sie zu zeichnen. Und so sahen sich die Mitarbeiter unseres Unternehmens mit mir zusammen nach guten Karikaturisten um.

In der Folgezeit konnten wir eine Handvoll identifizieren und in die engere Wahl nehmen. Unterschiedliche Preisvorstellungen im Hinblick auf die Nutzungsrechte, vor allem aber das künstlerische Selbstverständnis einzelner Zeichner schlossen verschiedene Kooperationen von Anfang an aus. »Ich zeichne doch nicht nach Ihren Ideen!« Nach einigen Sackgassen fand ich aber mit dem freischaffenden Illustrator und politischen Karikaturisten Jürgen Janson dann doch noch den perfekten Sparringspartner. Er war bereit, meine mit Worten heraufbeschworenen Bilder, Aussagen und Erzählungen zu visualisieren und zu Papier zu bringen.

Wie nicht anders zu erwarten, war aller Anfang schwer. Die erste Karikatur, an der wir uns versuchten, wurde mit dem Themenkreis der Nachhaltigkeit immer wieder verschoben und im Ergebnis erst als eine der letzten fertig. Stattdessen gingen wir direkt zur Regulierung und damit zum Stabhochsprung über und harmonierten schrittweise immer besser.

Wie die beiliegenden Entwürfe zeigen, wurden die Rohzeichnungen nach Telefonaten bisweilen noch im Detail verändert. Kennzeichnend für die gute Zusammenarbeit zwischen Janson und mir ist vielleicht die Tatsache, dass im Rahmen von annähernd 30 Bildern im Laufe der Jahre kein einziger Ansatz in Gänze verworfen wurde, sondern dass es immer nur um die Optimierung von Feinheiten ging. Waren wir uns am Ende einig, folgte die Kolorierung, also Reinzeichnung und die Anreicherung von Farben.

Dass sich Jürgen Janson nach unserer letzten Serie in den verdienten »Unruhestand« begeben hat, liegt hoffentlich nicht daran, dass ich seine Nerven zu stark strapaziert habe. Umso mehr freue ich mich, dass er meiner Idee sofort zugestimmt hat, ausgesuchte Karikaturen mit Texten zu kombinieren und zu einem Buch zusammenzufassen.

Im Rahmen der mehrwöchigen Arbeit an den Texten habe ich mich immer wieder bemüht, relativ zeitlos und verständlich zu schreiben. Kurze Sätze, wenig Fremdwörter, möglichst keine konkreten Zahlen, die schon bald veralten können, waren Stichworte, die an der Pinnwand über meinem Arbeitsplatz hingen. Wie heißt es in Beurteilungen immer so schön? »Er bemühte sich redlich ...«, soll heißen: »Er schaffte es nicht, aber der Wille war erkennbar.« Wenn es mir dennoch halbwegs gelungen ist, verdanke ich das vor allem den Mitarbeitern, Freunden und Geschäftspartnern, die das Manuskript mehrfach auf seine Verständlichkeit hin überprüft haben.

Was mich zu weiteren Danksagungen führt. Hier sei stellvertretend für viele andere insbesondere mein Geschäftspartner Thorsten Pörschmann erwähnt, der die Entstehung dieses Buches geduldig und konstruktiv kritisch begleitet hat. Ferner sei dem FinanzBuch Verlag gedankt, der die Idee des Buches gerne aufgegriffen hat und bereit war, es vielfach gedruckt zwischen Pappdeckel zu quetschen und in die Welt zu tragen. Und schließlich danke ich all jenen, die dieses Buch für sich selbst oder für andere erworben und damit zu seiner Verbreitung beigetragen haben. Danke!

Und sollten Sie als Leser Freude an meiner Form der »Fondsgedanken« gewonnen haben, sei Ihnen an dieser Stelle abschließend gesagt, dass es unter dem gleichen Titel »Fondsgedanken« sowohl einen kostenlosen von mir regelmäßig geschriebenen Blog gibt als auch einen Podcast. Schauen Sie doch einfach mal rein, vielleicht haben Sie dann sogar regelmäßig Spaß daran.

ÜBER DEN AUTOR

Björn Drescher, Jahrgang 1970, studierte nach einer militärischen Laufbahn mit Ernennung zum Reserve-Offizier Betriebswirtschaft in Köln und absolvierte eine Ausbildung zum Finanzwirt. Der Autor ist seit einem Vierteljahrhundert selbst Fondsinvestor, Branchenbeobachter und Unternehmer.

Als Vorstand der Drescher & Cie AG verlegt er unter anderem den Börsenbrief »Fonds Scout«, betreibt den BLOG & Podcast »Fondsgedanken«, initiierte bekannte Investmentkonferenzen wie das »Petersberger Treffen«, und rief das »Bündnis für Fonds« (BFF) und das Online-Portal »www.diefondsplattform.de« ins Leben.

Er gehört als Mitglied diverser Vorstände, Aufsichts- und Beiräte, aber auch als Berater, Referent, Autor und Kolumnist zu den vielseitigsten und gefragtesten Kennern der deutschen Investmentbranche.

Mehr **„Fondsgedanken"** von Björn Drescher finden Sie auch im gleichnamigen BLOG und Podcast.
Sie erreichen den Autor unter **b.drescher@fondsgedanken.de**

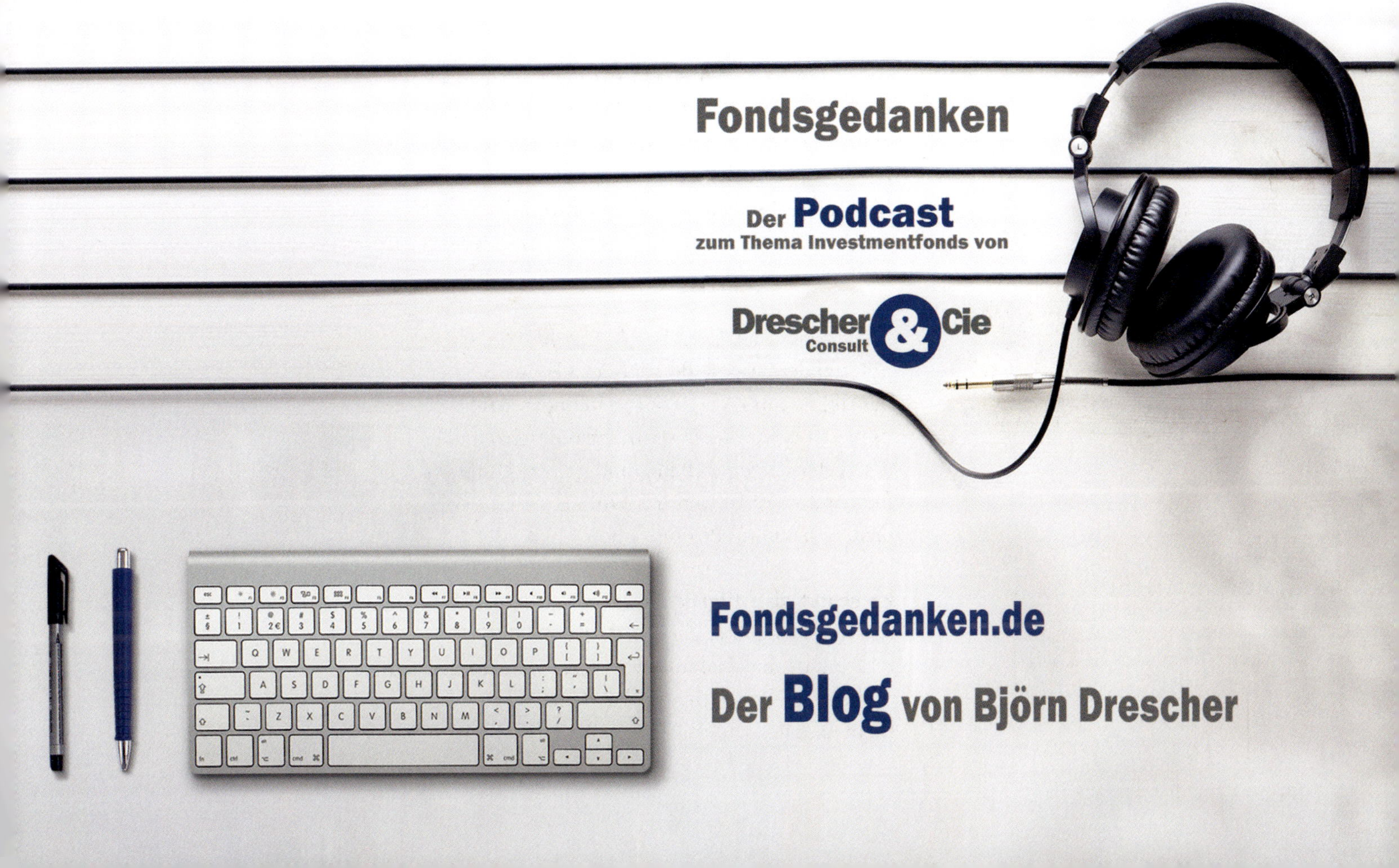

Fondsgedanken

Der **Podcast**
zum Thema Investmentfonds von

Drescher & **Cie**
Consult

Fondsgedanken.de

Der **Blog** von Björn Drescher

Bibliografische Information der Deutschen Nationalbibliothek

Die Deutsche Nationalbibliothek verzeichnet diese Publikation in der Deutschen Nationalbibliografie.
Detaillierte bibliografische Daten sind im Internet über http://dnb.d-nb.de abrufbar.

Für Fragen und Anregungen:

info@finanzbuchverlag.de

Originalausgabe

1. Auflage 2018

© 2018 by FinanzBuch Verlag,
ein Imprint der Münchner Verlagsgruppe GmbH
Nymphenburger Straße 86
D-80636 München
Tel.: 089 651285-0
Fax: 089 652096

Die im Buch veröffentlichten Ratschläge wurden von Verfasser und Verlag sorgfältig erarbeitet und geprüft. Eine Garantie kann dennoch nicht übernommen werden. Ebenso ist die Haftung des Verfassers beziehungsweise des Verlages und seiner Beauftragten für Personen-, Sach- und Vermögensschäden ausgeschlossen.

Redaktion: Judith Engst
Korrektorat: Silvia Kinkel
Umschlaggestaltung: Laura Osswald
Umschlagabbildung: Jürgen Janson
Satz: Daniel Förster, Belgern
Druck: Florjancic Tisk d.o.o., Slowenien
Printed in EU

Weitere Informationen zum Verlag finden Sie unter

www.finanzbuchverlag.de

Beachten Sie auch unsere weiteren Verlage unter www.m-vg.de